이현세

만화 세계사 넓게 보기

⑪ 깨어나는 아시아와 민족 운동

이현세 만화 | 김기정 글 | 정하현 감수

녹색지팡이

만화 **이현세**

만든 작품마다 독자들의 사랑을 받아 온 우리나라 만화계의 거장입니다.
1982년 《공포의 외인구단》으로 '이현세 붐'을 일으켰고, 최근에는 베스트셀러
《만화 한국사 바로 보기(전 10권)》 등으로 어린이 학습 만화의 새 지평을 열어 가고 있습니다.
《지옥의 링》 《남벌》 《아마게돈》 《며느리 밥풀꽃에 대한 보고서》 《천국의 신화》 등 많은 대작을 그렸습니다.
현재 세종대학교 만화애니메이션학과 교수로 학생들을 가르치고 있습니다.

글 **김기정**

고려대학교 한문학과를 졸업하고 〈용하다 용해〉 만화 스토리를 신문에 연재해 큰 호응을 얻었습니다.
지은 책으로 《다윈의 생물 노트》, 《갈릴레이의 물리 노트》, 《아르키메데스의 수학 노트》,
《보일의 화학 노트》, 《뉴턴의 물리 노트》, 《패러데이의 물리 노트》 등이 있습니다.

감수 **정하현**

서울대학교 역사교육학과를 졸업했습니다.
현재 공주대학교 역사교육학과 교수이며, 역사교육연구회 회원으로 활발한 활동을 하고 있습니다.

만화 **세계사** 넓게 보기
⑪ 깨어나는 아시아와 민족 운동

이현세 만화 | 김기정 글 | 정하현 감수

1판 6쇄 발행일 2013년 3월 15일
펴낸이 강경태 | 펴낸곳 녹색지팡이&프레스(주)
편집 민점호, 위귀정 | 디자인 박성준, 이의정, 김지은 | 컬러링 최수진, 윤정화
등록번호 제16-3459호 | 주소 서울시 강남구 논현동 90-2 (우)135-818
전화 (02) 2192-2200 | 팩스 (02) 2192-2399

ISBN 978-89-94780-11-5 77900
ISBN 978-89-91481-59-6 77900(세트)

차 례

타임 스피어 미르

아이들을 역사 체험 현장으로
안내하는 타임 스피어.
역사 탐구 문제인 '퀘스트'를
내기도 하고, 위험에 처한
아이들을 도와주기도 한다.
때로는 목걸이로,
때로는 사람의
모습으로 나타난다.

타임 스피어 현무

동탁이 가진 타임 스피어의 역사 도우미.
고지식한 미르와 달리 능청스럽고
장난기가 많다. 때로는 거북,
때로는 할아버지의 모습으로 나타난다.

동탁

미래에서 온 천재 소년.
이집트의 외국인 고문이 되어
무함마드 알리의 근대화 운동을
돕지만, 계획적으로 맘루크들을
몰살하는 모습을 보고 충격을
받아 벼슬을 내놓는다.

엄지

야무지고 똑소리 나는 소녀.
아편을 청나라에 몰래 팔던
영국 상인들에게 생필품을 비싸게 팔아
그 상인들을 골려 준다. 인도에서는
마이소르의 호랑이라 불리는
술탄 티푸를 만나 그의 용기에
감탄한다.

까치

엉뚱하고 호기심 많은 친구.
영국 동인도 회사 직원이 인도에서
귀족처럼 호화롭게 사는 것을 보고
화가 나 비싼 물담배 기구를 던져
깨뜨린다. 봄베이에 새로 생긴 기차를
타러 갔다가 호랑이의 공격을 받지만,
세포이 용병의 도움으로 목숨을 구한다.

두산

먹는 것을 좋아하는 아이.
손문이 결성한 중국 혁명 동맹회를
따라다니며 회지 〈민보〉를 뿌리면서
돕는다. 그러나 함께 혁명을 꿈꿨던
동지들이 하나둘 죽거나 떠나는
것을 보고 허무해한다.

임칙서

청나라의 흠차대신. 영국의
아편 밀수출로 청에 큰
사회 문제가 생기자 아편을
모두 압수해 없앤다. 이를
빌미로 아편 전쟁이 일어난다.

사카모토 료마

에도 시대의 무사이자 근대
일본을 만든 인물. 막부를
없애고 천황을 중심으로 한
새로운 일본을 만드는 데
큰 공을 세운다.

홍수전

스스로를 하나님의 아들이라며
모두가 평등한 지상 낙원,
태평천국을 세운다. 그러나
내분과 토벌군의 진압으로
14년 만에 멸망하고 만다.

술탄 티푸

인도 남부 마이소르 왕국의
왕. 프랑스와 동맹을 맺어
영국과 싸워 이김으로써
'마이소르의 호랑이' 라는
별명을 가지게 된다.

의화단 꼬마

비밀 단체인 의화단에서
무술을 익혀 서양인을
몰아내는 꿈을 꾸지만,
서양인의 총탄에 동지를 잃고
자신도 죽을 위험에 처한다.

호세 리살

필리핀의 독립운동가.
필리핀 연맹을 만들어 개혁
운동을 하다, 비밀 단체인
카티푸난이 일으킨 폭동과
관련됐다는 혐의로 처형된다.

손문

중국 혁명의 아버지. 여러
혁명 단체들을 한데 모으고
삼민주의를 바탕으로 하여
중국 최초의 공화국인
중화민국을 세운다.

무함마드 알리

이집트의 민족 운동가이자
오스만 제국의 이집트 총독.
오스만 제국에서 독립한 뒤
독자적인 왕조를 세워
이집트와 수단을 통치한다.

1. 아편 전쟁, 대국을 무너뜨리다

19세기에 들어서면서 유럽은 대량 생산된 상품을 내다 팔고 원료를 공급해 줄 식민지가
필요해졌다. 이때부터 유럽 국가들은 무력을 앞세워 아시아 국가를 개항시키고 불평등한
무역 관계를 요구하기 시작했다. 세계 제일의 대국이라 자부하던 중국도 아편 전쟁을
시작으로 서양 열강의 침략에 시달리게 된다.

자금성 건청궁

아편 때문에 나라의 기강이 무너지고, 엄청난 양의 은이 빠져나가 경제가 무너질 지경에 이르렀도다!

그렇습니다! 백성들이 아편에 중독되어 농사일을 돌보지 않고, 아편 값을 마련하느라 범죄를 저지르는 사람도 많다고 하옵니다.

임칙서(린쩌쉬)

임칙서! 그대를 흠차대신에 임명하니 광주에 내려가 아편 밀매를 근절하라!

도광제

어명을 받들겠나이다!

광주(광저우)의 광동 13행

야, 광주에 오랜만에 다시 와 보네! 외국에 개방한 무역항은 아직도 여기 광주 한 곳뿐이라지?

* 아편(阿片) : 양귀비 열매의 즙액을 굳혀서 만든 마약의 일종.
* 흠차대신(欽差大臣) : 중국 청나라 때 황제가 어떤 중요한 사건을 처리하기 위해 둔 임시 관직.

네. 외국 상인들은 외국인에게 무역을 허락한 특별 구역인 이곳 광동 13행에만 머물 수 있습니다. 또 그들은 공행하고만 거래할 수 있는데….

공행? 나 알아. 7권에서 배웠어. 서양인과 교역을 허락받은 상인들이지?

어린 아이들인데 공행을 잘 아는구나. 난 그 대표란다!

높으신 관리께서 천한 오랑캐를 상대할 수 없다고 하시기에 골치 아프지만 공행 대표인 내가 대신하러 이곳 영국관에 왔단다.

어험!

중국인들은 여전히 중국이 세계의 중심이라 생각하고 있습니다. 중국을 제외한 다른 나라는 모두 오랑캐 나라일 뿐이죠.

아편을 금지시키러 북경에서 높은 관리가 내려왔다지요? 하지만 언제 아편이 금지되지 않은 적이 있었소?

광동 13행의 영국관

중국 관리들은 뇌물만 주면 뭐든 눈감아 주지. 높은 관리라니 뇌물을 좀 더 많이 주면 될 거야. 안 그런가?

하하! 그래, 맞아!

흠차대신은 막강한 권한을 지닌 관리요. 게다가 임칙서 공은 청렴하고 강직한 분이라 뇌물 따위는 통하지 않소!

＊밀매(密賣) : 거래가 금지된 물건을 몰래 파는 일.

흠차대신께선 여러분이 가지고 있는 아편을 모두 내놓고 다시는 아편을 팔지 않겠다는 서약서를 제출하라 하셨소.

대인, 서양 상인들이 가지고 있는 아편 천여 상자를 모두 내놓겠다고 했나이다.

천여 상자라….

내 이곳에 오기 전부터 자세히 조사해 보았는데, 그들은 광주 앞바다에 떠 있는 배에 아편을 숨겨 두었다더군.

그 아편은 2만 상자가 넘고 말이다. 감히 누구를 속이려 드느냐!

대인~ 주, 죽을 죄를….

나는 아편을 뿌리 뽑으라는 황제의 명을 직접 받들고 왔다. 결단코 아편을 근절하고 말 것이니라!

14

*대인(大人) : 신분이나 관직이 높은 사람.

청나라군이 벌써 이틀째 영국관을 포위하고 물도 식량도 들여보내지 않고 있어.

아편을 내놓지 않으면 우릴 굶겨 죽이겠다는 거야.

그러니까 그냥 아편을 내놓으면 되잖아요.

아편은 사람을 해치는 마약이잖아요. 그걸 몰래 파는 건 나쁜 짓이라구요.

나쁜 짓인 줄 누가 몰라? 하지만 아편 말고는 중국에 팔아먹을 게 없는걸.

그런데 너, 너희는 뭐야? 불난 데 부채질하지 말고 당장 나가!

안 그래도 나갈 거예요, 뭐!

우린 나가서 맛있는 거 잔뜩 먹을 거라고요.

여러분, 더는 안 되겠소. 모두 아편을 내놓 읍시다.

그게 감독관으로서 할 소리요? 아편 2만 상자면 돈이 얼만데! 그걸 손해 보라고?

무역 감독관 엘리어트

무역 감독관의 이름을 걸고 말하건대 여러분의 손해는 반드시 보상받게 될 것이오. 그리고 청나라는 이번 일의 대가를 반드시 치르게 될 것이오.

결국 영국 상인들이 아편 2만 상자를 모두 내놓았어.

호문 바닷가에 아편 상자가 산처럼 쌓였구나.

어명을 받들어 아편을 없애라!

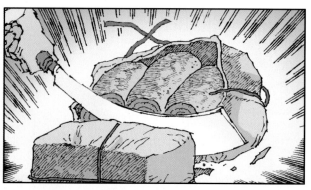

연못을 만들고 거기에 소금과 석회를 쏟아붓네.

아편 없애는 과정이 꽤 복잡하네요?

그냥 태워 없애는 게 간단하지 않나요?

아편은 태워도 완전히 없어지지 않는다더구나. 태우고 남은 재에서 다시 아편을 뽑아낼 수 있다는 거야.

16

＊호문(虎門) : 중국 광동성(광둥 성) 둥관 시에 있는 지역.

이것이 역사적으로 유명한 '호문소연', 즉 호문에서 아편을 녹여 없앤 사건입니다. 영국의 무역 감독관 엘리어트는 할 수 없이 아편을 모두 내놓긴 했지만 서약서 제출은 끝내 거부하고, 항의의 표시로 영국 상인들을 모두 이끌고 광주를 떠나 마카오로 갔습니다.

아편을 없앤 것으로 모든 게 끝난 것은 아니오.

양인들의 전함과 무기는 우리 청나라의 것보다 훨씬 강하오.

수군 제독 관천배 (관톈페이)

그들은 반드시 이번 일로 보복하려 들 것이니 철저히 대비해야 할 것이오.

알겠습니다. 맡겨 주십시오!

마카오에서도 쫓겨나 오갈 데 없어진 영국 상인들이 자기네 배 안에 머물고 있대. 장사할 좋은 기회다!

자, 신선한 물과 식료품이 왔습니다~!

쳇, 뭍에서 파는 값보다 엄청 비싸잖아. 바가지다!

바가지 쓰기 싫으면 직접 뭍에 나가 사시든가요.

언제까지 이렇게 배에 갇힌 채로 버티라는 겁니까!

차라리 서약서를 내고 다시 광주에 들어가 통상을 할 수 있게 해 주시오!

안 되오. 그건 청나라에 굴복하는 일이오. 조금만 더 참고 기다리시오. 영국 정부에서 반드시 우리를 구하러 올 거요.

아, 저기 영국 군함이다!

우리 영국 함대가 온다. 이제 살았어~!

빨리 빨리~.

정말 영국 함대가 왔어! 전쟁이라도 벌일 셈인가?

무역 감독관 엘리어트는 영국 의회에 사람을 보내, 청나라가 영국을 모욕하고 영국인의 생명을 위협한다며 전쟁을 부추겼습니다.

영국 의회에선 아편 밀수 때문에 정부가 나서서 전쟁을 벌인다는 건 부도덕한 일이라며 반대하는 의견도 많았지만, 결국 청나라와의 전쟁을 결의했습니다. 아편을 팔아 얻는 이익을 포기할 수 없었던 거죠. 이것이 제1차 아편 전쟁입니다.

큰일났어요. 영국 군함들이 이리로 몰려오고 있어요!

음, 올 것이 왔구나.

■아편 전쟁은 중국과 영국 간에 벌어진 전쟁이라 중영 전쟁이라고도 한다.

대인! 이리로 몰려오던 양인의 함대가 북쪽으로 물러갔습니다!

뭐라고? 큰일이다!

양인들은 곧장 황제께서 계신 북경으로 진격할 셈이구나!

광주의 방어 태세가 견고하더군. 굳이 힘든 싸움을 할 필요는 없지.

그렇습니다.

임칙서는 결코 만만한 자가 아니지요. 곧장 북경으로 치고 들어가 황제를 압박하는 것이 가장 좋습니다.

폐하! 양인들이 천진 앞바다까지 들이닥쳤습니다! 황송하오나 그들의 힘을 도저히 당할 수 없사옵니다!

직예 총독 기선(치산)

20

＊직예 총독(直隸總督) : 중국 청나라 때 수도 북경(베이징) 부근을 다스리던 지방관.

이는 모두 임칙서가 일 처리를 잘못한 탓이니 그를 파직하고 양인들을 달래야 할 것입니다!

알겠다. 임칙서를 파직하겠다. 대신 기선 그대를 흠차대신에 임명하니 양인들을 잘 달래도록 하라.

일단 광주로 철수해 주어 고맙소.

우리도 평화를 사랑하오. 우리 요구 조건만 들어주면 전쟁은 없을 것이오.

결국 임칙서는 파직되고 광주에 새로운 흠차대신이 왔어.

아편을 반드시 근절하랄 땐 언제고, 황제가 정말 변덕이 심하다.

호, 홍콩 섬을 달라고? 그건 곤란하오. 우리 청나라는 한 번도 영토를 내준 적이 없어요.

홍콩을 우리 영국의 무역 근거지로 내주지 않으면 협상은 없소.

생각할 시간을 줄 테니 알아서 하시오.

홍콩을 내줄 수도 없고 전쟁을 할 수도 없고 어쩜 좋지? 일단 황제께는 협상을 잘했다고 보고하고, 양인들에겐 요구를 들어주겠다고 하면서 시간을 끌자.

북경의 조정에선 양인들을 강력히 응징해야 한다는 목소리가 높아졌지만 흠차대신 기선은 시간만 끌었죠.

어휴, 나라의 고관들이 그렇게 한심하니….

결국 홍콩 할양 요구를 거절했다는 이유로 영국군은 다시 공격을 시작했습니다.

도저히 못 당하겠다. 달아나자!

달아나지 마라! 끝까지 싸워라!

대청나라가 이토록 허망하게 당하다니…. 관 제독, 그대의 장렬한 죽음이 그나마 청나라의 체면을 세웠구려.

＊ 할양(割讓) : 땅이나 물건을 떼어서 넘겨 줌.

임 대인님, 이제 관직에서 물러나 떠나셔야 한다면서요.

조정에선 또 흠차대신을 파직하고 영국군과 싸울 새로운 대신들을 보냈대요.

누가 와도 마찬가지다. 청나라는 양인들을 당할 수가 없어.

청나라는 우물 안 개구리였다. 좁은 우물 안에 갇혀 더 큰 세상이 있는 줄 모르고, 알려고 하지도 않았던…

아니, 대체 요강은 왜 모으는 거죠?

새로 오신 장군께서 알아보니, 양인들의 포격이 정확한 건 요술 때문이니 그걸 깨뜨리려면 여자의 오줌이 필요하다고 했대.

집집마다 부녀자들의 요강을 갖다 바쳐라!

헐~! 장군이란 사람이 그런 미신을 믿다니.

청나라와 서양의 가장 큰 차이군.

광주를 쑥밭으로 만든 영국군은 거침없이 진격해 남경까지 공격했습니다.

결국 청나라는 1842년 8월, 영국 군함 콘월리스호에서 굴욕적인 남경 조약을 맺게 됩니다.

*남경 조약(난징 조약) : 1842년에 아편 전쟁을 끝내기 위해 영국과 청나라가 맺은 조약. 홍콩 할양, 광주(광저우)와 상해(상하이) 등 다섯 항구 개항, 배상금 지급 등을 수락한다는 불평등 조약이다.

23

바로 중국이 외국과 맺은 최초의 불평등 조약이군.

다른 나라들을 깔보던 중국이 결국 무력에 의해 강제 외교를 시작하게 된 거야.

남경 조약

1. 중국은 영국의 아편 손실과 전쟁 비용으로 은 2100만 냥을 배상한다.

2. 중국은 홍콩을 영국에 할양한다.

3. 광주 외에 복주, 하문, 영파, 상해 등 모두 다섯 항구를 무역항으로 개방하고 자유 무역을 할 수 있게 한다.

4. 중국과 영국, 두 나라의 지위는 평등하다. 중국은 더 이상 영국을 오랑캐라 부르지 않는다.

이후 청나라는 미국, 프랑스, 네덜란드 등 서양 국가들과 잇달아 불평등 조약을 체결하게 됩니다.

우리에게 조공 바칠 자격도 안 되던 나라들과 조약을 맺다니….

안 들어주면 또 싸움을 걸지도 몰라요.

일단 하자는 대로 해줍시다.

이 배가 해적질과 밀수에 연관돼 있다는 혐의가 있다. 너희를 모두 체포한다!

해, 해적질에 밀수라니! 말도 안 되는 모함입니다!

1856년 광주 주장 강

그야 조사해 보면 알 일이지. 모두 끌고 가라!

잠깐! 이 배는 애로호라는 영국 배요.

영국 배라고? 그런데 어찌 너희 선원들은 모두 중국인이란 말이냐?

＊자유 무역(自由貿易) : 국가가 아무런 간섭이나 보호도 하지 않으며, 관세도 매기지 않고 각 개인의 자유에 맡겨 하는 무역.

지금은 안 계시지만 선장이 영국인이오. 그리고 저 영국 국기를 보시오. 이 배가 영국 배라는 확실한 증거지요.

영국 배를 함부로 건드리면 안 된다는 것쯤은 잘 아실 텐데?

흥, 그깟 깃발 따위 내려 버리면 그만이다.

오랑캐 깃발을 끌어내리고 이자들을 모두 체포해라!

예!

우, 우린 이 배 선원 아녜요. 홍콩에서 광주까지 간다기에 그냥 얻어 타고 왔을 뿐인데….

시끄러워, 빨리 가!

큰일이다. 죄가 있건 없건 청나라 감옥에 갇히면 끝이야.

맞아, 고문과 형벌이 말도 못하게 지독하다던데….

에잇, 살 길은 하나다!

앗, 저놈들이!

어디로 달아나지?

영국 배랬으니까 영국 공사한테 가자.

광주에 영국 공사가 있나요?

남경 조약으로 영국 공사가 머무를 수 있게 됐잖니!

* 공사(公使) : 국가를 대표하여 파견되는 외교 사절.

후유, 한숨 돌렸다! 이제 더 이상 안 쫓아오네.

근데 영국 공사를 어떻게 찾아가지?

상점이 늘었네. 광주의 무역이 더 활발해진 것 같아.

남경 조약으로 항구를 개방하고 자유 무역을 할 수 있게 됐잖아.

자유 무역이라지만 별로 달라진 것도 없다. 영국 상품은 여전히 팔리질 않아.

영국은 중국에 아편을 많이 팔고 있잖아요! 이젠 아예 대놓고 팔죠?

어허~ 그런 소리 함부로 하면 못써!

아편 전쟁이 부끄러운 일인 줄은 아나 보네.

활발한 무역을 위해 요구할 게 많은데 청나라 관리는 외국 공사를 도무지 만나 줄 생각을 않으니…

어? 그럼 아저씨가 혹시…?

험, 그래. 난 영국 공사 해리 파크스다.

와, 잘됐다! 마침 찾아가려던 참이었어요.

뭐? 영국 국기를 끌어내리고 선원들을 체포했다고? 이건 명백한 남경 조약 위반이야!

가만, 오히려 잘된 일인지도 모르겠군. 이 일을 빌미로 청나라 정부를 압박할 수 있겠어.

그래도 청나라 조정이 말을 듣지 않으면 또 한번 본때를 보이는 거다!

우, 우리가 괜한 얘길 한 거 아냐?

애로호 사건이 아니라도 어차피 전쟁은 또 벌어졌을 거야. 아편 전쟁으로 서양에 혼이 나고도 청나라 조정의 태도는 달라진 게 없었거든.

외교에 관한 일은 여전히 광주에 있는 양광 총독에게 모두 떠넘겼어. 하지만 양광 총독은 외국 공사들이 아무리 면담을 요청해도 만나 주지 않았단다.

중국에서 세력을 확대하고 싶었던 영국은 다시 무력을 사용하는 수밖에 없다고 생각하고 있었지. 그러던 차에 애로호 사건이 벌어진 거야. 애로호 사건은 영국에게 좋은 핑계거리가 된 거지.

*양광 총독(兩廣總督) : 광동성(광동 성)과 광서성(광시 성)을 다스리는 직책.

결국 영국과 프랑스 연합군이 광주에 쳐들어오고 말았어!

영국은 그렇다치고 프랑스는 왜 쳐들어온 건데?

불법 포교 활동을 하던 프랑스 선교사가 광주에서 청나라 관리에게 처형당한 일을 문제 삼았대.

애로호 사건처럼 좋은 핑계거리를 잡은 거군.

쯧쯧, 양광 총독 섭명침이 포로로 끌려간다!

북경(베이징)

천진(텐진)

남경(난징)

상해(상하이)

영파(닝보)

복주(무저우)

하문(아모이)

광주(광저우)

홍콩

제1차 아편 전쟁

제2차 아편 전쟁

■ 남경 조약에 의한 개항

광주를 함락시킨 연합군은 천진까지 북상했어. 도광제의 뒤를 이은 젊은 황제 함풍제는 그제야 재상 계량을 천진에 보내 영·프 공사와 협상하게 했지.

외국 사절을 북경에 머물게 하고, 전쟁 배상금을 물고, 더 많은 무역항을 개방하고, 크리스트교 선교와 중국 내 여행의 자유를 보장하고….

함풍제

이런 조약은 체결할 수 없다!

일단 조약을 체결하고, 그들이 물러간 뒤 조약을 이행하지 않으면 될 것이옵니다.

재상 계량(구이량)

하지만 조약을 이행하지 않으면 그들이 또 몰려올 것 아닌가.

포대의 방비를 굳게 해 반드시 물리치겠나이다.

오랑캐들은 반드시 다시 몰려올 것이다. 방비를 굳히고 결전에 대비하라.

몽골족 출신 장수
승격림심(셍게린친)

따지고 보면 우리 고자질 때문에 벌어진 전쟁이라고도 할 수 있으니 가만있을 순 없지.

우리도 돕자.

오랑캐 군함들이 몰려온다. 포격하라!

지난번엔 우리가 당했지만 이번엔 다를 거다.

오랑캐 군함들이 달아난다!

와~ 우리가 오랑캐를 물리쳤다~!

청나라가 처음으로 서양과의 전투에서 승리했어!

다 우리가 도왔기 때문일 거야!

너무 좋아할 거 없다. 이걸로 끝난 게 아냐.

이 일로 분노한 영·프 연합군은 대군을 이끌고 다시 몰려와 천진(톈진)을 점령했단다. 그 뒤 곧장 북경(베이징)으로 진격했지.

무슨 일이 있어도 오랑캐의 북경 진입만은 막아야 한다! 모두 죽을 각오로 싸워라!

와아아

하지만…,
끝내 청군이
무너지고 말았어.

이제 연합군의
북경 진입을 막을
방법이 없겠군.

*열강(列强) : 여러 강한 나라.

보물과 예술품으로 가득했던
원명원이 처참하게 파괴됐다.

연합군이 너무했어.
보물을 약탈했으면 됐지,
불까지 지를 건 뭐람.

치욕을 겪은 함풍제는 동생 공친왕을
시켜 연합군의 조건을 모두 받아들이라고 했다.
결국 청나라는 천진 조약을 맺고 추가로
북경 조약을 맺었다. 연합군은 그제야 물러갔지.

북경 조약

1. 중국은 영·프 연합군에 각각
   은 800만 냥을 배상한다.
2. 구룡 반도를 영국에 할양한다.
3. 외교관이 북경에 머물며 황제를 알현한다.
4. 무역항을 추가 개방한다.
5. 선교사는 교회, 집을 지을 수 있다.

애로호 사건이 발단이 돼 일어난
이 전쟁을 제2차 아편 전쟁이라고 하지.
이후 중국은 이권을 빼앗으려 몰려든
서양 열강의 침략에 시달리게 된단다.

세계 제일이라
자부하던 청이
서양에게 이렇게
힘없이 당하다니…

이제 서양
열강들이 아시아
국가들을 더욱
만만하게 보고
침략하게
생겼어.

* 북경 조약(베이징 조약) : 1860년 청나라와 영국·프랑스가 맺은 애로호 사건의 강화 조약.
1858년에 맺은 천진 조약(톈진 조약)을 확인하고 영국에 구룡(주룽)을
할양하는 등의 내용을 추가했다.

• 동아시아 삼국의 개항

19세기 초반 동아시아 삼국은 서구 열강에게서 문호 개방과 자유 무역을 요구받았습니다. 맨 처음 문을 연 것은 중국으로, 아편 전쟁에서 패한 뒤 1842년 영국과 남경 조약을 맺고 개항했습니다. 홍콩을 넘겨주고 전쟁 배상금을 지불하는 것 말고도 스스로 관세를 부과할 수 있는 관세 자주권을 갖지 못하고, 영국인은 영국 영사가 재판하는 치외 법권을 누리게 하는 등의 내용을 담은 불평등 조약이었지요. 일본의 막부는 미국의 개항 요구를 받아들여 1858년 중국과 비슷한 내용의 수호 통상 조약을 맺었고, 조선은 일본의 강압으로 1876년 강화도 조약을 맺고 나라의 문을 열었습니다.

이처럼 동아시아 삼국은 비슷한 내용의 불평등 조약을 맺고 문호를 개방했지만 일본만은 메이지 유신으로 근대화를 이루며 힘을 길러 제국주의의 길로 나아갔고, 서구 열강에게 당한 방식 그대로 아시아 여러 나라를 침략했습니다.

• 외세 침략에 맞선 중국의 영웅

1785년 복건성(푸젠 성)에서 태어난 임칙서(린쩌쉬)는 지방 행정관을 지내며 청렴한 성격과 공정한 업무로 높이 평가받았고, 특히 수리 사업에 공적을 남겼습니다. 1838년 영국의 아편

▲ 운요호 사건
일본 군함 운요호가 강화도에 상륙해 약탈과 살인을 저질렀으나 일본은 도리어 그 책임을 조선에 묻고 개항을 강요했다.

17~18세기의 무역

영국 동인도 회사 — 차·도자기 → 공행 청
청 — 모직물 → 영국 동인도 회사
은

↓

19세기의 무역

영국
은 — 차 → 영국
영국 — 면직물 → 인도
청 — 아편 → 인도

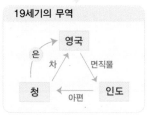

▲ 중영 무역의 변화
영국은 청과의 무역에서 발생하는 적자를 메우기 위해 인도산 아편을 중국에 밀수출했다. 이 때문에 중국에서는 아편 중독자가 급속도로 늘어났다.

▲ 남경(난징) 조약 체결
제1차 아편 전쟁의 결과로 청과 영국 사이에 맺은 조약. 청은 광주(광저우) 등 5개 항구를 개방했고, 홍콩을 내주었다.

▲ 페리 제독의 배
일본에 통상을 요구한 미국의 페리 제독 일행을 실은 배. 일본의 개항은 에도 막부의 붕괴를 불러왔다.

▲ 수호 통상 조약 문서
미국의 요구에 따라 개항을 한 일본이 미국과 맺은 수호 통상 조약 문서. 네덜란드, 영국, 프랑스, 러시아와도 같은 조약을 맺었다.

산업 혁명 결과, 상품 시장과 원료 공급지가 필요해진 유럽 열강은 아시아를 먹잇감으로 삼았다. 이로 인해 중국에서는 아편 전쟁이 일어났다.

밀수출로 중국에 아편 중독자가 늘자 황제에게 아편을 금할 것을 상소한 뒤, 흠차대신으로 발탁되어 아편 밀수를 강경하게 단속해 능력을 인정받았습니다. 하지만 이 일이 불씨가 되어 1840년 영국과 아편 전쟁이 일어나게 되었고, 청나라 조정은 전쟁을 일으킨 책임을 물어 도리어 그를 파면했지요. 얼마 후 그는 태평천국의 난을 진압하라는 명을 받고 복직되어 부임지로 가다가 그만 병에 걸려 세상을 떠나고 말았습니다.

영국의 부당한 아편 수출에 맞서다가 결국 좌절했던 임칙서. 하지만 지금은 외세 침략에 맞서 나라를 구한 중국의 위대한 영웅으로 추앙받고 있습니다.

▲ 임칙서(린쩌쉬)
아편 금지론자였던 임칙서는 영국 상인들에게서 아편을 몰수하고 무역을 금지시켰다. 이에 영국은 자국 상인의 생명과 재산을 보호한다는 구실로 아편 전쟁을 일으켰다.

• 한 국가 두 체제, 홍콩 특별 행정구

남경 조약의 체결로 영국에 점령된 홍콩 섬은 1898년 신계(신제)와 인근 섬들이 99년간 조차(다른 나라 땅의 일부를 빌려 일정 기간 통치하는 일)되면서 오늘날과 같은 홍콩을 형성했습니다. 그 뒤 홍콩은 영국의 자유 무역항으로서 중계 무역과 금융업, 제조업, 금속업 등이 발달한 경제 도시로 성장했습니다.

1997년, 홍콩은 공산 국가인 중국에 반환되었지만, 경제 안정을 고려해 50년간 체제 유지를 보장받았습니다. 그래서 홍콩은 중국에 속하지만 자본주의 경제 체제를 운영하고 홍콩 시민이 뽑은 행정 장관이 나라를 이끌고 있으며, 각종 분야에서 단독으로 세계 여러 나라와 관계를 맺고 있습니다.

▲ 호문소연 상상도
임칙서가 호문에서 아편을 처분하는 장면을 그린 그림. 임칙서는 물에 아편, 소금, 석회를 함께 넣고 녹여서 없앴다.

▲ 홍콩의 구성
홍콩은 하나의 도시가 아니라 홍콩 섬과 구룡(주룽), 신계(신제) 및 235개의 섬으로 이루어진 특별 행정구이다.

▲ 마지막 총독
영국은 총독을 파견해 홍콩을 통치했다. 28대 총독 크리스 패튼은 1992년 부임해 1997년 홍콩의 주권을 중국에 반환했다.

▲ 빅토리아 항구
빅토리아 항구의 1905년 경 모습. 빅토리아 항구는 구룡 반도와 홍콩 섬 사이에 위치한다.

2. 개혁의 기운이 청나라에 드리우다

아편 전쟁 후 중국의 경제는 더욱 어려워졌고 그로 인한 고통은 오로지 힘없는
백성들의 차지였다. 이에 곳곳에서 민란이 일어났으니 태평천국의 난은 그 중 가장 규모가
큰 것이었다. 한편 제1, 2차 아편 전쟁을 겪고 난 후 일부 청나라 관리들은 서양을 본받아
강해지고자 힘썼으나 모두 실패했고, 황제를 제치고 맘대로 권력을 휘두른 서태후는
사치와 권력 다툼을 일삼으며 청나라의 멸망을 부채질했다.

이화원은 원래
북경의 황실 정원 중
하나인 청의원이었지. 제2차
아편 전쟁 당시 연합군의
북경 침공 때 무너진 것을
서태후가 큰돈을 들여 화려하게
다시 짓고 이화원이라고
이름을 바꿨단다.
서태후는 주로
이곳에서 황제를
대신해 권력을
휘둘렀단다.

저 아주머니가
바로 서태후군요.

왠지 좀 무섭게
생겼다.

여호와라면 크리스트교의 하나님인데?

하나님의 아들이라면, 설마 예수님이 교주라는 건가요?

아니, 우리 홍수전 교주님은 상제님의 둘째 아들이셔.

그러니까 예수님의 동생이시지!

예? 예수님의 동생이오?

우리 교주님이 어느 날 꿈을 꾸었는데 웬 금발 노인이 칼을 주며 악마를 무찌르고 백성을 구하라고 했대. 그 옆엔 중년 남자 한 사람도 있었고 말야.

그 노인이 하나님이고 중년 남자가 예수님?

응. 또 교주님은 서양 선교사에게 책을 받았는데,

그가 준 《권세양언》이란 책을 보고 자신이 할 일을 깨달으셨대.

우린 지금 금전촌에 가는 길이다.

교주님께서 신도들을 모두 모이라고 하셨거든.

저희도 같이 가요!

예수님의 동생이라니 대체 어떤 분인지 보고 싶어요.

형제들이여! 지금껏 우리 한족 백성들을 짓밟아 온 만주족 황제와 관리들이야말로 무찔러야 할 악마들이다!

홍수전 (홍슈취안)

* 권세양언(勸世良言) : 중국 광주(광저우) 출신의 양아발이라는 사람이 중국인에게 크리스트교를 선교할 목적으로 만든 책.
* 금전촌(金田村) : 중국 광서성(광시 성) 구이핑 현에 있는 마을로, 태평천국 운동이 시작된 곳이다.

썩을 대로 썩은 청나라를 뒤엎고 모두가 평등한 지상 낙원, 태평천국을 세우리라!

와아아! 태평천국 만세~!

홍수전은 제1차 아편 전쟁 이후인 1851년, 광서성 금전촌에서 신도들과 함께 봉기했습니다.

청나라 관군을 물리친 홍수전은 정식으로 태평천국의 건립을 선포하고 천왕의 자리에 올랐습니다.

청나라 조정의 부패에 고통받던 힘없는 백성들이 앞다퉈 몰려들어 태평천국의 세력은 무서운 속도로 커졌습니다. 태평천국군은 불과 2년 만에 남경까지 점령했습니다.

남경(난징)의 태평천국 궁전

와~! 남경의 태평천국 궁전도 북경의 자금성 못지않게 으리으리한데?

남경이 아니라 천경이야. 남경 점령 후 천경으로 이름을 바꾸고 태평천국의 수도로 삼았잖아.

앗! 엄지야, 저길 봐. 여군도 있다!

당연하지. 태평천국에선 모두가 평등하니까 남녀도 평등하다고. 여성의 전족도, 남자가 첩을 얻는 것도 모두 금지했대.

또 토지와 재산도 평등하게 나눈단다.

인신매매, 우상 숭배, 변발, 음주, 도박 등 나쁜 풍습을 모두 금지한다. 오로지 유일신인 상제님의 가르침만 따르며 사는 거야.

충왕 이수성
(리슈청)

이수성 님이시죠? 소문대로 정말 꽃미남이시네요~! 게다가 전투에서 져 본 일이 없다니…, 팬이에요~!

팬?

으이그…

내가 뛰어나서가 아니라 다 상제님의 보살핌 덕분이었지. 하지만 앞으로는 어떨지…, 사실 지금 태평천국은 위기에 처해 있다.

위기요?

천왕

천왕 홍수전 님과 그 아래 다섯 왕이 태평천국의 지도부란다. 그런데 지도부 안에서 다툼이 벌어져 서로를 죽이는 일이 벌어졌어.

동왕   서왕   북왕   남왕   익왕

태평천국은 내분으로 힘이 약해져 가는데 토벌군은 갈수록 힘이 강해지고 있으니….

토벌군이라면 청나라 관군 말인가요?

아니, 지금 우리의 적은 청의 관군이 아니라 우리 같은 한족이 조직한 의용군이란다. 한족 관리인 증국번은 우리가 유교 전통을 무너뜨렸다며 의용군을 조직해 토벌에 나섰어.

만주족을 몰아내고 한족의 천하를 만드는 것도 우리의 목표 중 하나였는데, 같은 한족끼리 싸우게 되다니….

혁명이 성공하면 꼭 혁명 지도자 사이에서 분열이 일어나더라.

같은 크리스트교를 믿는 서양 세력에 도움을 청하면 안 될까?

■ 청나라 말기에는 중앙군인 팔기군과 지방군인 녹영이 유명무실해져 지방에서 반란이 일어나면 이를 진압하기가 어려웠다.
태평천국 운동 때도 마찬가지였기에 지방의 신사인 향신(鄕紳)이 의용군(일반인으로 이루어진 군대)을 조직해 나서게 되었다.
이 중 증국번(쩡궈판)이 조직한 회군, 이홍장(리홍장)이 조직한 상군은 태평천국 운동을 진압하는 데 중요한 역할을 했다.

청나라와 태평천국, 양쪽을 저울질하며 지켜보던 서양 세력도 제2차 아편 전쟁 후엔 청나라 편에 섰습니다.

청나라가 유지되는 게 우리에게 더 이익이다.

의용군과 서양 세력의 협공으로 태평천국은 점령지를 차례로 잃었고 마침내 천경까지 포위당했습니다.

3년이나 포위당한 채 성안에 갇혀 있다니….

성안의 사람들은 굶주림에 고통받고 있을 거야.

포위를 뚫고 달아나려던 충왕 이수성을 잡았다!

아! 충왕님이….

천왕 홍수전은 어찌 되었느냐?

증국번(쩡궈판)

굶주림 끝에…, 돌아가셨소.

증 대인, 이제 태평천국은 운이 다했고 증 대인은 뜻을 얻었소.

나는 이제 죽겠지만 부디 성안의 굶주린 백성들은 불쌍히 여겨 주시오.

….

이수성, 너를 북경으로 압송하라는 명이 내려왔다. 그리하면 너는 잔혹한 형벌 끝에 죽게 될 것이다.

이자를 이 자리에서 당장 처형하라!

고맙소, 증 대인….

내가 네게 해줄 수 있는 건 이것뿐이구나.

충왕님이 결국 처형됐어.

이수성의 죽음으로 태평천국은 14년 만에 멸망했습니다.

1865년 상해(상하이)

상해에 또 커다란 서양 건물이 들어섰네.

근데 간판은 한자로 쓰여 있는데? 강남제조…총국?

그래, 이것은 우리 중국인이 세운 강남제조총국이다. 서양식 무기를 만드는 곳이지.

제1, 2차 아편 전쟁에서 서양에 진 뒤 우리는 서양을 오랑캐라 깔본 것이 잘못이었음을 깨달았다.

이홍장(리훙장)

1861년, 비로소 조정에 외교를 담당하는 총리아문을 설치하고 서양의 앞선 문물을 배우기 시작했지. 외국어 학교도 세우고 서양에 외교관과 유학생도 파견했어.

하지만 가장 중요한 건 서양처럼 강력한 무기를 갖추는 것이지. 그래서 난 증국번 선생님과 함께 이 강남제조총국을 설립해 서양식 총과 대포, 군함을 만들고 있다.

와, 엄청난 대포다!

정말 대단한 시설인데요?

이런 신식 공장이 각지에 설립돼 있다. 무기뿐 아니라 탄광, 철도 등 공업 발전에도 힘쓰고 있지.

이대로 발전하면 중국이 세계 제일 이라는 자존심을 되찾는 건 시간문제겠어요.

물론 그래야지. 하지만 한 가지 마음에 걸리는 것이 있다.

＊양무(洋務) : 원래의 뜻은 '서양 오랑캐와 관련된 사무'이지만, '서양의 기술을 받아들인다'는 뜻으로 쓰였다.

서양이 강한 것은 발달된 무기와 공업 때문만이 아닙니다. 무엇보다 안정된 정치가 기본입니다. 중국의 백성들은 여전히 가난하고 관리들은 부정한데 어찌 나라가 부강해질 수 있겠습니까.

곽숭도(궈총타오)

영국에 공사로 간 곽숭도 공이 내게 보낸 편지에서 그 점을 지적했어.

음, 그 말도 맞긴 하네요.

그래도 그동안 중국의 군사력은 확실히 강해졌다. 우리 북양해군은 서양의 어느 해군 못지않게 막강하지.

서양을 본받아 강해지고자 하는 이러한 노력들을 양무운동이라고 해. 증국번의 제자 이홍장이 양무운동에 가장 힘썼지.

증국번의 제자, 이홍장?

방금 우리가 만난 사람이 이홍장이었 구나!

이홍장은 서양처럼 강력한 해군을 갖추는 것이 가장 중요하다고 생각해 북양해군을 창설했지.

하지만 1894년에 벌어진 청일 전쟁에서 북양함대는 일본 함대에 처참하게 패배했다. 30년에 걸친 양무운동이 아무 소용 없었던 거야.

청나라는 굴욕적인 시모노세키 조약을 맺고 일본과 강화할 수밖에 없었다.

요동과 타이완을 일본에 넘겨주고 앞으론 조선의 일에 간섭하지 마시오!

모든 조건을 수락하리다.

평생 양무운동에 힘써 왔건만 서양도 아닌 일본에게 대패하다니…. 곽숭도의 말이 맞았어. 무기만으로는 강해질 수 없었던 거야.

* 양무운동(洋務運動): 19세기 후반에 청나라에서 일어난 근대화 운동. 증국번, 이홍장 등이 중심이 되어 군사, 과학, 통신 등의 개혁을 꾀했다.

양무운동이 실패한 것은 서양의 겉모습만을 본떴기 때문입니다.

강유위
(캉유웨이)

일본은 메이지 유신으로 제도와 풍속까지 개혁했기에 우리보다 개방이 늦었음에도 더 강해진 것입니다.

병들고 쇠약한 사람이 좋은 칼만 든다고 어찌 강해지겠나이까. 먼저 병을 고치고 체질을 개선한 후에라야 비로소 그 칼을 힘차게 휘두를 수 있을 것이옵니다.

강유위, 그대의 말이 진실로 옳다. 낡은 제도를 모두 개혁해 병들고 쇠약한 청나라를 다시 일으키리라!

광서제

황제께서 변법을 선포했대!

변법? 변법이 뭐야?

법을 바꾸는 거지. 한마디로 낡은 제도를 신식으로 싹 바꾸는 거야.

과거제를 고치고 서원도 신식 학교로 바꾼대.

그뿐인가, 잔혹한 형벌도 모두 없앤다더군!

우리 중국의 전통을 너무 막 바꾸는 거 아냐, 이거?

양무운동의 한계를 느낀 젊은 지식인들은 정치, 교육, 법 등 청나라 사회 전반을 개혁해야 한다고 주장했습니다. 젊은 황제 광서제는 강력한 개혁을 주장하는 강유위의 의견을 받아들여 개혁을 실시했습니다. 이를 변법자강 운동이라고 하죠.

이제야 제대로 된 근대화를 시작하는구나.

중국식 전통을 버리고 서양식을 따른다고 반감을 갖는 사람도 많은 것 같아.

46

＊변법자강(變法自彊) : 강유위(캉유웨이), 양계초(량치차오)등이 내세웠던 개혁 운동의 표어로, 법을 고쳐(변법) 스스로 강하게 한다(자강)는 뜻이다.

우리가 무조건 서양을 따르는 것은 아니다. 우리가 원하는 개혁은 중국 전통에도 있는 것들이야.

담사동
(탄쓰퉁)

《맹자》에 '죄인을 처벌할 때는 대신과 백성에게 물어 모두 동의해야만 처벌할 수 있다' 는 말이 있다. 이것은 서양의 양원 제도와 같은 것 아니겠니?

듣고 보니 정말 그런데요? 그거 아저씨가 생각해 내신 건가요?

아니. 강유위라는 내 스승님이 하신 말씀이다.

아저씨도 변법파 세요?

변법파? 그래, 난 변법파의 담사동이다! 하하!

와, 황실 정원이라더니 이화원은 정말 으리으리하고 화려하구나!

태후마마~.

태후마마~.

서태후

힉! 사, 사람들이…

빨리 숨어!

빨리 나가자. 몰래 들어왔다 들키면 끝장 이라고!

너무 넓어서 들키기도 힘들겠는데 뭘.

■ 변법자강 운동은 1898년 무술년에 실시한 변법이라는 뜻에서 무술변법이라고도 한다.

황제께서 한족 관리인 강유위 등 변법파만 믿으시고 저희 만주족 대신들을 몰아내려 하시니 어찌 이럴 수가 있습니까?

변법파는 북양함대가 일본에 패한 것이 태후께서 이화원을 짓기 위해 해군 경비를 빼썼기 때문이라며 헐뜯는다 합니다!

뭐 맞는 말이긴 하지만…

또 황제의 권한을 강화하기 위해선 태후께서 물러나셔야 한다고….

그것도 맞는 말이지. 사실상 권력은 태후가 쥐고 있으니.

그자들이 어린 황제를 꼬드겨 나라를 망치려 하고 있구나. 내 가만두지 않겠다!

여기가 강유위 선생 댁이 맞죠?

큰일났어요! 서태후와 만주족 관리들이 변법파를 모조리 제거하려 해요!

할 수 없군. 일단 외국으로 피해 기회를 엿보는 수밖에. 양계초, 자네도 함께 피하세.

예, 스승님.

강유위

양계초(량치차오)

전 피하지 않겠습니다.

어느 나라나 개혁을 하는 데는 피 흘리는 희생이 있었습니다. 중국에서는 내가 그 첫 번째 사람이 되겠습니다.

48

결국 서태후가 광서제를 가두고 변법파를 탄압하는 쿠데타를 일으켰어.

강유위, 양계초는 피신했는데 담사동은 끝내 피신하지 않았어.

나는 중국의 앞날을 위해 나 자신을 희생하는 것이다.

이로써 변법자강 운동은 개혁을 실시한 지 103일 만에 실패로 끝나고 말았죠. 담사동과 함께 처형된 변법파 여섯 사람은 '무술 육군자'라 불리며 지금도 중국 사람들의 존경을 받고 있습니다.

서태후는 함풍제의 후궁이자 동치제의 어머니로, 동치제가 여섯 살에 황제로 즉위하자 태후가 되어 수렴청정을 실시하며 권력을 쥐었습니다. 서태후는 동치제의 뒤를 이은 조카 광서제 때에도 실권을 쥐고 있었고, 그를 유폐한 뒤에는 더욱 막강한 권력을 휘두르게 됩니다.

■ 무술 육군자(戊戌六君子) : 1898년 무술년에 변법자강 운동을 일으켰다가 서태후의 탄압으로 목숨을 잃은 여섯 명의 정의로운 사람을 일컫는다.

북경(베이징) 번화가

거기 서라~!

얘들아, 나 좀 숨겨 줘!

엇? 뭐, 뭐야?

헥, 헥…. 이리로 달아나는 아이 혹시 못 봤니?

에, 그게…, 저쪽으로 갔어요.

쳇, 잡히기만 해 봐라.

후유~, 살았다.

무슨 일로 쫓긴 거야?

실은 요걸 슬쩍했거든.

뭐야? 그럼 도둑이었어?

쳇, 도둑을 숨겨 준 거잖아!

양인들이야말로 우리 중국을 강탈하는 도적들이야! 난 도적에게 빼앗긴 걸 되찾은 것뿐이라고!

말이 되는 것 같기도 하고….

자, 의화권 시범이오! 모두 와서 보시오~!

헙~!

뭐야? 지금 저 사람에게 총을 쏘려는 거야?

아니! 분명 총에 맞았는데도 멀쩡하다!

우리 의화권의 무술을 배우면 몸이 쇠처럼 단단해져 칼과 총에도 상처를 입지 않소. 모두 의화권을 배워 양인들과 싸웁시다!

그래, 의화권을 익히면 양인들의 신식 무기도 두렵지 않겠어.

양인을 몰아내자!

좋았어! 나도 의화권을 익혀 양인들과 싸울 거다!

* 의화권(義和拳) : 중국 산동성(산둥 성) 부근에서 일어난 비밀 결사. 서양 열강과 만주족 왕조인 청을 몰아내는 것을 목표로 삼았다. 뒷날 서태후가 서양 열강과 양무파에 대항하려고 이름을 의화단으로 바꾸고 이들을 이용했다.

청일 전쟁에서 청나라가 일본에게 지는 것을 본 서양 열강은 더욱 노골적으로 중국 침탈에 열을 올렸어. 그러자 중국인들은 외국 세력을 더욱 미워하게 되었어.

크리스트교를 믿는 중국인들도 다 죽여라!

특히 크리스트교에 반감이 컸던 사람들은 의화권이란 조직을 만들어 교회를 불사르고 외국인을 폭행하는 등 무력시위를 벌이기 시작했단다.

저런! 그럼 열강들이 가만 안 있을 텐데.

외국 공사들은 청나라 조정에 의화권의 폭동을 막아 줄 것을 요구했지. 하지만 서태후는 의화권을 외세를 물리치는 데 이용했단다.

서태후께서 우리에게 의화단이란 이름으로 외세를 물리치는 데 앞장서라 하셨다.

이제 관군도 우리 편이다. 양인들을 모두 처단하자!

청나라를 일으키고 서양 세력을 물리치자!

전선, 철도 등 양인들이 만들어 놓은 건 모두 부숴라!

양인들이 모여 있는 공사관으로 가자!

너무해. 외국인이라면 여자와 아이까지 전부 죽이다니….

그나저나 어쩌자고 이런 무모한 짓을….

그뿐이 아니야. 서태후는 관군과 의화단이 외국 공사관을 습격한 뒤 열강에 선전 포고를 했어.

예에?

열강은 즉각 8개국 연합군을 조직했지. 연합군은 대고(다구)를 점령하고 천진(톈진)에 상륙했어.

연합군이 천진을 함락시키고 북경으로 진격해 오고 있다고? 양인의 총탄도 튕겨 낸다던 의화단이 어찌 그리 쉽게 무너졌단 말이냐?

송구하옵니다. 속히 피하심이….

서태후가 광서제를 데리고 서안으로 피신한대.

일을 이렇게 크게 만든 장본인이면서 위급해지니 도망치기 바쁘군.

빨리빨리!

연합군이 코앞까지 몰려왔다. 모두 끝까지 싸워 성을 지키자.

싸우자!

야, 야! 너도 싸우러 가려는 거야?

안 돼. 연합군에겐 상대가 안 된다고!

무슨 소리야, 나도 의화권을 배웠어. 양인의 총탄 따위 두렵지 않다고!

와아아아

물러서지 마라, 양인의 총탄 따윈 우리 몸을 뚫지 못한다!

억!

사형!

어떻게 된 거예요? 사형은 의화권의 고수라 총에 맞아도 끄떡없잖아요.

그…그건 속임수였다. 총알을 넣지 않고 화약만 채운 총을 쏜 거였어.

넌 살아야 해. 어, 어서 달아나….

사형!

으아아!

* 사형(師兄) : 자기보다 먼저 스승의 제자가 된 사람.

결국 북경은 함락되고….

연합군은 자금성까지 점령했어.

북경(베이징)을 점령한 연합군은 잔혹한 보복을 했어. 의화단이 외국인이라면 무조건 죽였듯이 의화단으로 의심되는 중국인은 아이까지 죽였지.

연합군이 자금성을 점령하자 그제야 서태후는 이홍장을 시켜 8개국에 사죄하고 화친을 맺게 했다.

이홍장은 또다시 굴욕적인 조약을 맺을 수밖에 없었지.

다시는 이런 사태가 발생하지 않게 우리 군사를 주둔 시키겠소.

또 천진에서 북경까지 모든 포대를 철거하시오!

전쟁 배상금은 4억 5천만 냥이오!

알겠소, 무조건 수락하리다.

1901년, 신축년에 맺은 조약이라 이를 신축 조약이라고 하지. 이로써 중국은 열강의 반식민지가 되었단다.

웅장하던 북경의 성문이 처참하게 파괴됐다. 마치 중국이 처한 현실을 보여 주는 것 같아.

아니? 너 살아 있었구나!

연합군의 총탄을 용케 피했네.

아니, 나도 총에 맞았어.

엥? 그럼 정말 의화권 덕분에 총탄이 튕겨 나갔던 거야?

아니, 이것 덕분이었지.

아! 총탄이 시계에 맞았구나.

결국 날 살린 건 의화권이 아니라 양인의 물건 이었어.

의화단 형제들의 죽음은 결코 잊지 않을 거야. 하지만 난 더 이상 미신은 믿지 않아.

열심히 서양 문물을 배워 반드시 강한 중국을 만들겠어!

* 신축 조약(辛丑條約) : 1901년에 청나라가 영국, 프랑스, 미국, 러시아, 독일, 일본 등 8개 연합국과 체결한 조약. 베이징 의정서라고도 한다.

■ 태평천국의 제도

- 남녀 차별 없이 가족 수의 많고 적음에 따라 토지를 나눈다.
- 천하의 토지는 사람들이 똑같이 경작한다.
- 천하 사람들은 하나님의 복을 함께 받는다.
- 밭이 있으면 같이 경작하고, 먹을 것은 함께 먹고, 의복이 있으면 같이 입고, 돈이 있으면 같이 쓴다.

▲ 태평천국 천왕부
홍수전(홍슈취안)은 태평천국의 수도를 남경(난징)에 정하고 이곳에 궁전을 세워 천왕부라 했다.

• 농민들의 이상 국가, 태평천국

아편 전쟁 이후, 청나라 사회는 더욱 혼란스러워졌습니다. 이때 홍수전(홍슈취안)은 크리스트교 서적 《권세양언》을 보고 계시를 받아 '배상제회'를 조직했습니다. 그는 여호와가 상제, 자신은 예수의 동생이라며 상제를 믿으면 질병과 재해에서 벗어난다고 했습니다.

점차 세력을 넓혀 가던 배상제회는 1851년 봉기해 크리스트교와 유교를 결합한 신앙을 바탕으로 하는 '태평천국'을 세우고 청 왕조 타도, 신분제 철폐, 남녀 평등, 토지 균등 분배 등을 주장해 민중의 큰 호응을 받았습니다. 하지만 지도층의 내분, 청나라 의용군과 외국군의 진압에 의해 무너졌지요.

태평천국 운동은 비록 실패했지만, 이들의 투쟁은 중국 근대 민중 운동의 출발점이 되었다는 의의가 있습니다.

• 의화단의 랑방 대첩

19세기 말 열강들의 간섭이 심해지고 선교사들이 선교를 빌미로 불법 활동을 하자 중국에서는 반외세 감정이 고조되었습니다. 이때 의화단이라는 비밀 조직이 부청멸양(청나라를 받들어 외세를 몰아냄)을 주장하면서 투쟁에 나섰습니다.

▲ 홍수전
태평천국의 창시자로 자칭 예수의 동생이다. 크리스트교와 유교가 결합된 이상 국가를 세우려 했다.

▲ 태평천국군
태평천국군은 농민이 중심이 되어 멸만흥한(만주족을 멸하고 한족을 부활함)의 기치를 내걸고 세력을 떨쳤다.

▲ 태평천국 때의 동전
태평천국 때 만든 동전. 중국 본토 화폐에 쓰인 한자 가운데 최초로 간체(간략화한 한자) 표기를 했다.

아편 전쟁 이후 살기 힘들어진 청나라 백성들은 민란을 일으켜 더 나은 삶을 꿈꾸었지만 실패했다. 혼란 속에서 청은 점차 열강의 반식민지가 되어 갔다.

이들의 세력이 강해지자 영국, 러시아, 일본 등 8개국 연합군이 이들을 진압하기 위해 북경(베이징)으로 향했습니다. 의화단은 북경 근처 랑방(랑팡)에서 연합군을 포위 공격했고, 연합군은 심각한 타격을 입은 채 간신히 천진(톈진)으로 도망쳤지요. 하지만 연합군은 전열을 정비해 다시 공격했고, 의화단은 결국 무릎을 꿇었습니다.

비록 이들의 저항은 실패했지만 훗날 랑방 대첩으로 불린 이 전투는 중국 민중들의 용감한 전투 정신을 잘 보여 줍니다.

▲ 연합군과 의화단의 전투
8개국 연합군은 완강히 저항하는 의화단을 물리치고 북경(베이징)을 함락시켰다. 의화단 운동의 실패는 청의 멸망을 재촉했다.

● 혁명을 위한 문학

중국의 소설가 노신(루쉰)은 젊은 시절 의술로 민중을 구제하기 위해 일본 유학을 갔습니다. 그런데 수업 시간에, 일본군에게 처형당하는 동포를 구경하는 중국인을 담은 영상을 보고 '몸보다는 정신을 고쳐야 한다.'고 생각해 중도 귀국했습니다.

1918년 발표한 〈광인일기〉는 피해망상증을 앓는 주인공의 강박 관념을 소재로, 낡은 가족 제도와 위선적인 유교 도덕을 폭로했습니다. 대표작 〈아큐정전〉에서는 주인공 아큐를 통해 자기만족에 빠져 현실을 보지 못하는 중국인을 비판했지요.

비록 혁명에 직접 뛰어들지는 않았지만, 날카로운 현실 비판과 혁명의 메시지를 전한 그의 작품은 오늘날 중국 근대 문학의 출발로 여겨지고 있습니다.

▲ 철도를 파괴하는 의화단원
〈르 쁘띠 파리지엥〉 신문의 삽화로 의화단이 철도를 파괴하는 모습이다.

▲ 노신(루쉰)
소설을 통해 중국 민중의 의식을 일깨우려 한 작가. 중국 근대 문학의 선구자로 일컬어진다.

▲ 〈아큐정전〉의 아큐
노신은 남에게 얻어맞고도 자학을 통한 '정신 승리법'으로 위안을 삼는 아큐를 통해 중국인의 약점을 고발했다. 자오옌녠의 목판화.

▲ 〈광인일기〉
1918년 잡지 《신청년》에 발표된 단편 소설. 중국 최초로 구어체 문장(평소 말하는 낱말과 방식의 문장)으로 쓰인 소설이다.

3. 중화민국의 탄생

변법자강 운동에 반대해 변법파를 제거했던 서태후와 만주족 관리들은 의화단 운동의
실패 후 개혁의 필요성을 느끼고, 과거제를 폐지하고 헌법 제정을 준비하는 등
개혁을 실시했다. 그러나 이미 청나라 조정엔 희망이 없다고 생각한 한족 지식인들은
청나라를 뒤엎고 새로운 중국을 세우는 것만이 살 길이라는 믿음으로 혁명을 준비했다.

그래, 맞다. 너 참 똑똑하구나.

험, 제가 원래 좀 그래요.

으이그, 잘난 척은 여전해.

서태후와 만주족 관리들은 이러한 백성들의 불만이 혁명으로 이어질까 두려워 부랴부랴 개혁을 실시한 거지. 그런다고 혁명의 불길을 잠재우진 못할 거다!

혁명이라면…?

황흥(황싱)

만주족 황제와 관리들을 몰아내고 새로운 중국, 한족의 중국을 세우는 거지.

아니, 대낮에 그런 말을 함부로….

큰일은 이미 났는걸. 내 이름은 황흥, 화흥회라는 혁명 단체를 조직해 혁명을 시도하다 실패해서 쫓기는 몸이라고.

그럼 더 조심을 해야….

지금 혁명을 꿈꾸는 건 나뿐만이 아니다. 손문 선생은 혁명에 앞장서고 계시지.

선생은 일찍이 청일 전쟁 후부터 하와이에서 흥중회라는 단체를 결성하고 혁명을 준비하셨어.

위기에 빠진 중국을 구하기 위해선 무장 혁명으로 청나라를 뒤엎고 새로운 중국을 세우지 않으면 안 됩니다.

손문(쑨원)

선생은 광동에서 첫 번째 혁명을 일으켰지만 실패하고 해외로 피하셨지. 하지만 지금도 중국의 혁명을 위해 열심히 뛰고 계신단다.

청나라 입장에서 보면 반란을 일으킨 대역 죄인이니 잡히면 큰일나겠네요.

그래서 혁명 단체들은 주로 해외에서 활동 중이다. 나도 그들과 합세하기 위해 일본으로 가는 길이야.

그럼 또다시 혁명이 일어나는 건가?

태평천국 때도 실패했는데 이번엔 성공할 수 있을까?

퀘스트를 풀려면 너희도 저 청년을 따라가는 게 좋을 거야. 손문의 삼민주의가 무엇인지 알아보는 것이 퀘스트거든.

아저씨, 같이 가요!

그런 얘긴 진작 했어야죠.

1905년 일본 도쿄

여러분, 지금 이 자리엔 흥중회, 화흥회, 광복회 등 여러 혁명 단체의 동지들이 모여 있습니다.

저는 그동안 수차례 혁명을 시도했지만 힘이 약해 실패했습니다. 혁명에 성공하기 위해선 힘을 합쳐야 합니다!

우리 모두 중국 혁명 동맹회라는 이름으로 뭉칩시다!

옳소, 뭉칩시다!

찬성이오!

새롭게 결성된 중국 혁명 동맹회의 총리는 손문 선생께서 맡으시는 것이 마땅하다고 봅니다!

옳소!

그것도 찬성이오!

드디어 여러 혁명 단체들이 하나로 뭉쳤어!

슬슬 혁명의 불길이 뜨거워지는 것 같은데?

1905년 중국 혁명 동맹회가 정식으로 창립됐지. 이때 이들은 장차 세울 새로운 나라의 이름을 중화민국으로 결정했어.

드디어 우리 동맹회의 혁명 취지를 널리 알리기 위한 회지, 〈민보〉가 나왔다!

손문 선생의 발간사가 실렸어.

우리 혁명의 취지는 삼민주의, 즉 민족·민권·민생이다.

만주족을 몰아내고 한족의 중국을 만들자는 민족주의, 국민에게 주권이 있는 민주 공화국이어야 한다는 민권주의, 그리고…

64

＊중국 혁명 동맹회(中國革命同盟會) : 1905년에 손문(쑨원)이 중심이 되어 결성한 정치 단체. 삼민주의를 바탕으로 민주 공화국을 위한 혁명을 외치며 무장 투쟁을 벌였다. 신해혁명 후 중화 혁명당을 거쳐 중국 국민당으로 발전했다.

민생주의는 민중의 생활을 개선하자는 거야. 유럽 선진국도 민족·민권은 완성했지만 민생은 빈부 격차 등 많은 문제점이 있더군.

그래서 우리 중국의 혁명은 민생까지 해결하는 혁명이 되어야 한다고 생각했다.

그 방법은 토지를 고르게 나누어 갖는 것이지.

토지의 균등 분배라니, 그야말로 혁명적인 생각이네요.

하지만 반대하는 사람이 한둘이 아니야. 동맹회에 가입한 동지들 중에도 민생주의에는 동의하지 않는 이들이 많아.

다른 사람들도 점차 삼민주의를 이해하게 될 겁니다.

회지를 통해 삼민주의를 널리 알리죠!

회지 한 보따리 주세요! 우리가 중국에 잔뜩 뿌릴게요!

서태후에게 유폐당했던 광서제가 세상을 떴어. 서태후도 다음 날 죽었고.

어쨌거나 겨우 세 살 난 어린애가 새 황제가 됐으니, 이럴 때 혁명을 일으키면 성공할지도 모르는데. 그치?

야, 야, 관둬!

동맹회가 결성된 후 수도 없이 혁명을 일으켰지만 성공한 적 있나?

하긴 그래. 번번이 혁명이 실패하는 이유가 뭘까?

청나라 조정의 탄압이 가장 큰 원인이지만 입헌 군주제를 주장하는 사람들의 반대 때문이기도 해.

변법파는 청나라를 그대로 유지한 채 개혁을 추진하는 입헌 군주제를 주장했지.

혁명이 일어나면 걷잡을 수 없는 폭동과 외국의 간섭으로 나라가 망할 것이다!

동맹회에 가담한 혁명 단체들도 서로 다른 의견을 보였어.

난 반대!

나도 싫다고!

1911년, 동맹회는 황흥의 주도로 광주(광저우)에서 또다시 혁명을 일으켰지만 실패했지.

온 힘을 다해 혁명을 시도했건만….

황흥 아저씨가 많이 상심한 것 같아.

그럴 만도 하지. 혁명군 수십 명이 죽고 아저씨도 손가락 두 개를 잃었으니….

아아~, 혁명의 길은 너무도 험하구나!

계속 시도하다 보면 언젠간 성공하겠죠. 방귀가 잦으면 뭐 나온다는 말도 있잖아요?

꼭 그런 데 비유를 해야겠냐!

황형! 사천에서 폭동이 일어났습니다! 보로 운동이 폭동으로 번졌답니다!

보로 운동요?

66

* 신군(新軍): 중국에서 조직된 현대적인 군대. 북양군이라고도 한다. 태평천국 운동 때 조직된 이홍장(리훙장)의 회군에서 출발했고, 그뒤 원세개(위안스카이)의 지도하에 크게 성장했다.

민간에서 운영하던 철도를 나라 소유로 만들고 외국 자본을 끌어들이는 데 반대하는 운동이 보로 운동이야.

保 路
지킬보 길로

보로 운동을 가혹하게 탄압했기 때문에 사천에서 폭동이 일어났고, 호북성의 신군이 파견됐대요.

호북성의 경비가 허술한 틈에 혁명을 일으키면 되겠군!

예! 반드시 성공할 겁니다.

호북 지역 혁명 단체 회원들과 무창에서 혁명 계획을 의논합시다.

어째 이번엔 분위기가 좋은데?

하지만 무창 지역 군대에 소속된 회원 명단이 발각되면서 문제가 생겼어.

그래, 꼭 성공할 것 같지?

이에 대대적인 체포가 시작됐고, 혁명은 예정보다 빨리 시작됐지.

옳은 말이오. 10월 10일, 오늘 밤에 행동을 개시합시다.

체포되길 기다리느니 우리가 먼저 들고일어납시다.

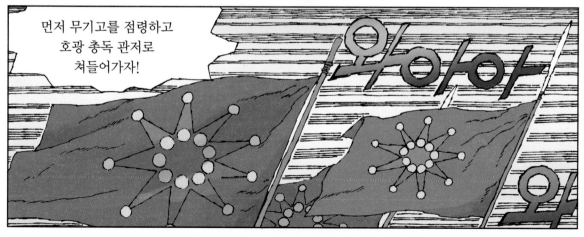

먼저 무기고를 점령하고 호광 총독 관저로 쳐들어가자!

＊호광 총독(湖廣總督) : 지금의 호북성(후베이 성), 호남성(후난 성)을 합친 지역을 다스리는 지방 장관.

봉기가 시작됐다. 모두 나서라!

혁명군은 왼팔에 흰 띠를 둘러라!

와, 신군들이 혁명군으로 돌변하고 있어!

이때 호북성 신군의 3분의 1이 혁명 단체 회원이었다고 해.

군사력에 힘입어 무창의 봉기는 성공할 수 있었지. 혁명군은 하룻밤 사이에 무창성을 점령했어.

호광 총독과 청나라 군대가 달아났다!

혁명기를 높이 올려라!

혁명군이 한구, 한양을 잇달아 점령하고 호북 군정부를 세웠어.

호북 군정부의 독립 선언에 자극받아 다른 성들도 잇달아 독립을 선언하고 있대.

와

와

*군정부(軍政府) : 군대가 어떤 나라나 지방을 점령했을 때에, 그곳을 다스리기 위하여 사령관이 군법(軍法)을 펴고 세운 행정부.

마침내 혁명이 성공한 거 맞죠, 아저씨?

그럼! 해외에 피신하고 있던 손문 선생도 돌아오신다는 구나!

어서 오십시오, 선생님.

참으로 장하오. 마침내 혁명을 성공시켰구려!

드디어 중화민국의 건국을 선포할 때가 온 듯합니다, 선생님.

각 성의 대표들은 모두 선생님을 지도자로 모시고자 합니다.

1912년 1월 1일, 손문을 임시 대총통으로 남경(난징)에 중화민국 임시 정부가 수립됐어. 마침내 혁명이 성공해 민주 공화국이 탄생한 거야. 1911년이 신해년이라 이 혁명을 신해혁명이라고 하지.

하지만 아직 혁명이 완전히 성공했다고 할 순 없잖아요? 청나라가 여전히 버티고 있으니까.

맞다. 청나라는 원세개를 시켜 혁명을 진압하게 했어. 혁명군이 점령했던 한구, 한양은 중화민국 임시 정부가 수립되기도 전에 원세개의 신군에 함락됐지.

손문(쑨원)

장군, 혁명군 진압이 눈앞인데 왜 진격을 멈추십니까?

혁명군이 무너지면 청 황실만 보존될 뿐, 우리에겐 아무 이득도 없지.

단기서(돤지루이)

원세개(위안스카이)

대총통님, 원세개가 타협을 원한답니다. 아무래도 대총통 자리를 넘보는 것 같습니다.

원세개의 신군과 싸움을 벌인다면 과연 이길 수 있을지….

혁명에 협조할 테니 지도자 자리를 넘기란 뜻이군.

좋소, 청나라를 무너뜨리고 우리의 공화국을 지킬 수만 있다면 그에게 임시 대총통 자리를 넘기겠소!

황실을 지킬 도리가 없습니다. 원통하오나 옥체를 보존하실 길은 스스로 물러나시는 것밖에….

융유태후와 선통제

알겠소. 어린 황제를 대신해 내가 퇴위를 발표하겠소.

퇴위 이후에도 황실에 대한 예우는 부족함이 없도록 하겠습니다.

됐다, 이제 내가 중국의 주인이 되는 것이다!

나는 중화민국의 임시 대총통으로서 온 힘을 다해 공화국을 지키고 헌법을 준수하겠다!

하지만 권력을 잡은 원세개는 본색을 드러냈단다. 내각과 대립하고 손문이 결성한 중국 국민당을 탄압하기 시작했지.

원세개는 공화국을 지키고 헌법을 준수할 뜻이 없어. 번번이 국회를 무시하려 들지 않나.

국민당 당수
송교인(쑹자오런)

우리 국민당이 국회에서 다수를 차지하고 있으니 그가 멋대로 하게 되지는 않을 겁니다.

뭐라고? 송교인이 암살을 당했다고?

원세개의 짓이 분명합니다. 더 이상은 참고 볼 수가 없습니다!

각지에서 원세개에 반대하는 세력이 일어났어. 하지만 원세개의 신군 앞에 무릎을 꿇고 말았지. 손문은 다시 일본으로 피신 해야 했단다.

원세개는 정식으로 대총통에 취임하고 아예 국회를 폐지, 확실한 독재를 시작했어.

날 반대하는 혁명 세력은 힘을 잃었고, 열강들도 모두 나를 중국의 지배자로 인정하고 있다. 이제 내 야심을 끝까지 펼쳐 보일 때가 됐어.

＊ 내각(內閣) : 국무 위원(장관)들로 구성되어 국가의 행정권을 담당하는 기관.

71

1916년 1월 1일, 원세개는 중국엔 입헌 군주제가 필요하다는 구실로 스스로 황제의 자리에 올랐어.

어허허험!

맙소사, 황제라니! 욕심이 지나쳤어.

그래, 지나친 욕심이었지. 원세개는 권력에 취해 생각을 잘못했던 거야.

국민들의 분노는 아주 컸지. 그래서 원세개를 몰아내자는 반대 운동이 전국적으로 일어났어.

온 국민이 합심해 공화국을 지키자!

황제 제도를 부활시키려는 원세개를 타도하자!

반란군을 당장 쓸어버려라! 우리에겐 막강한 군대가 있잖은가.

우리의 군사력이 아무리 강해도 온 국민을 상대로 싸울 수는 없습니다.

황제 제도를 다시 공화제로 되돌려 국민들의 분노를 가라앉히는 수밖에….

아아, 내 일생의 야망이 이렇게 무너지고 마는가….

결국 원세개는 황제 제도를 취소할 수밖에 없었지.

하지만 그것으로도 국민들의 분노는 가라앉지 않았고, 원세개는 상심한 끝에 얼마 뒤 병으로 죽고 만다.

원세개가 죽고 나자 그 밑의 북양군(신군) 장군들이 정권을 잡고 권력 다툼을 벌이기 시작했어.

내거다!

내거야!

손문은 광동(광둥)에서 광동 군정부를 조직해 북경의 군벌 정부에 대항했지만 계속되는 내부 대립 속에 제자리를 찾지 못했단다.

혁명 동지들마저도 서로 다투니 실망을 금할 길이 없구나….

송교인 아저씨는 암살당하고, 황흥 아저씨는 과로로 죽고, 함께 혁명을 꿈꿨던 동지들이 모두 허무하게 갔어.

그래도 퀘스트는 풀어야지. 삼민주의는 민족, 민권, 민생주의예요. 자세한 건 설명 안 해도 되겠죠?

그래. 그런데 너희, 너무 풀이 죽은 것 같구나.

그럴 수밖에요. 혁명의 끝이 너무 허무하잖아요.

신해혁명은 결국 실패한 혁명인 것 같아요.

꼭 그렇지만은 않아. 삼민주의로 대표되는 손문의 혁명 정신은 그치지 않고 계속 이어진단다.

하지만 앞으로 10여 년간, 중국은 각지의 군벌들이 서로 싸우는 혼란의 시대에 빠지게 되지.

＊군벌 정부(軍閥政府) : 군부를 중심으로 한 정치 세력이 만든 정부.

▲ 광서제
청의 제11대 황제이다. 서태후의 선택으로 황제가 되었다.

▲ 서태후
동치제의 생모이다. 황제를 뛰어넘는 권력을 쥐고 중국 대륙을 약 50년 동안 통치했다.

• 살해당한 비운의 황제, 광서제

1874년, 청나라의 제10대 황제 동치제가 세상을 떠나자 서태후는 네 살배기 조카 광서제를 왕위에 앉히고 권력을 휘둘렀습니다. 성인이 되어 직접 나라를 다스리긴 했으나 뒤에는 늘 서태후가 있었기에 광서제는 꼭두각시 황제에 불과했지요.

그는 강유위(캉유웨이)가 주도한 변법자강 운동을 적극 지원하며 자신의 뜻을 펼치려 했지만, 서태후의 개입으로 실패하고 결국 자금성 깊은 곳에 갇히는 신세가 되었습니다.

광서제는 1908년 서태후의 사망 전날 갑자기 세상을 떠났는데, 최근의 연구 결과 그의 유해에서는 많은 독극물이 검출됐다고 합니다. 황제가 되어 자신의 지위를 제대로 누리지 못했던 가엾은 그는 결국 독살되고 말았던 것입니다.

• 황제에서 시민으로

청나라의 마지막 황제인 선통제는 '푸이(부의)'라는 이름으로 더 잘 알려졌습니다. 그는 세 살이던 1908년 광서제의 뒤를 이어 황제가 되었지만, 1912년 중화민국이 세워지면서 황제의 자리에서 물러났습니다. 그 후 푸이는 연금을 받으며 자금성에서 살다가 1917년 청나라 복위 운동의 와중에 다시 황제가 되었으나 10여 일 만에 퇴위당했습니다. 1924년에는 자

▲ 영화 〈마지막 황제〉
푸이의 자서전 《황제에서 시민으로》를 기반으로 베르나르도 베르톨루치 감독이 제작했다.

▲ 푸이
청의 마지막 황제로 선통제라고 한다. 1908년, 1917년, 1934년 만주국까지 세 번이나 황제로 즉위했다.

▲ 선통제 퇴위 조서
1908년 광서제의 뒤를 이어 즉위한 선통제는 1912년 퇴위했다. 광서제의 황후인 융유태후가 대신 퇴위를 선포했다.

부패하고 무능한 청나라 조정에 실망한 한족 지식인들은 청나라를 뒤엎고 새로운 중국을 세우기 위해 혁명을 준비했고, 마침내 1911년 신해혁명이 일어났다.

금성에서도 쫓겨났고, 1934년에는 일본의 꼬임으로 만주국의 허수아비 황제로 즉위했지만 제2차 세계 대전이 끝난 뒤 일본에 협조했다는 이유로 전범 재판을 받고 감옥에 갇히고 말았습니다.

감옥에서 나온 뒤 그는 북경(베이징) 식물원에 취직해 정원사로 여생을 살았습니다. 말년에 쓴 자서전의 제목처럼 황제에서 시민으로 격동의 세월을 살아야 했던 그의 삶은 〈마지막 황제〉라는 영화로 제작되기도 했답니다.

▲ 손문(쑨원)
신해혁명을 성공적으로 이끌어 '중국 혁명의 아버지'라 불리며 중국인의 존경을 받고 있다.

● 손문의 삼민주의

삼민주의는 손문(쑨원)이 발표한 정치 강령입니다. 1905년 중국 혁명 동맹회가 결성되었을 때 손문은 만주족 축출, 중화 회복, 공화국 창립, 토지 소유의 균등 등을 강령으로 채택했고, 이 내용으로 1906년 민족·민생·민권의 삼민주의를 발표했습니다.

신해혁명의 사상적 배경이었던 삼민주의는 더욱 다듬어져 1924년 중국 국민당과 공산당의 통일 전선 강령으로 채택되었습니다. 삼민주의는 타이완으로 이전한 중국 국민당의 정치 강령이 되었고, 중국 공산당도 모택동(마오쩌둥)의 신민주주의가 삼민주의를 계승, 발전시킨 것이라고 주장합니다. 손문의 삼민주의는 양쪽에서 지지를 받아 중국과 타이완이라는 두 국가 체제에서 실현된 것입니다.

▲ 중국 국민당의 깃발
손문이 중국 혁명 동맹회를 발전시켜 만든 국민당은 일본의 침략 이후 중국 공산당과 함께 국공 합작을 벌였다. 그러나 제2차 세계 대전 후 내전에서 패배하자 타이완으로 이전해 명맥을 이어 갔다.

■ 삼민주의

● 민족주의
청을 세운 만주족 왕조를 무너뜨리고 한족이 주권을 지닌 국가를 세운다. 이는 뒷날 제국주의 열강에 대항해 중화 민족의 자유를 수호하는 것으로 확대 해석되었다.

● 민생주의
모든 국민이 고루 잘살게 한다.
토지를 균등 분배하고, 자본이 독점되는 것을 방지하는 것을 의미한다.

● 민권주의
평민이 주도하는 혁명으로 국민 정부를 세운다. 국민이 주권을 갖는 공화제와 국민의 권리를 보호하는 민주주의를 의미한다.

▲ 중화민국 수립 기념 포스터
"중화민국이여, 영원하라!"는 문구와 함께 원세개(위안스카이)와 손문(쑨원)의 사진이 실려 있다.

4. 메이지 유신을 거쳐 제국주의로

1853년 6월, 미국의 페리 제독이 이끄는 네 척의 거대한 군함이 에도 근처, 우라가 앞바다에 나타났다. 페리는 개국을 요구하는 미국 대통령의 국서를 전달하고, 이를 거부할 경우 무력을 사용하겠다는 뜻을 분명히 했다. 이에 오랫동안 쇄국 정책을 고집해 온 에도의 막부는 개국이냐, 전쟁이냐를 두고 혼란에 빠져드는데….

에도 막부는 안으로는 막번 체제를 중심으로 나라를 다스리고, 밖으로는 쇄국 정책을 펴며 나가사키 한 곳만 개방한 채 네덜란드와 제한적인 무역을 펼치고 있었습니다.

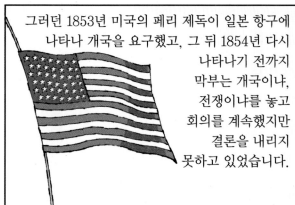

그러던 1853년 미국의 페리 제독이 일본 항구에 나타나 개국을 요구했고, 그 뒤 1854년 다시 나타나기 전까지 막부는 개국이냐, 전쟁이냐를 놓고 회의를 계속했지만 결론을 내리지 못하고 있었습니다.

그동안 막부는 아편 전쟁의 결과도 들어서 알고 있었죠. 서양이 손을 뻗칠까 봐 두려워하던 차에 미국이 개국을 요구했던 겁니다.

어쨌거나 이제 개국이든 전쟁이든 결정을 내릴 수밖에 없겠군.

와~, 정말 엄청나게 크고 검은 배다. 왜 저렇게 까만 걸까?

난 저렇게 큰 배가 어떻게 움직이는지 그게 더 궁금해.

타르란 걸 칠해서 온통 검은색인 거예요. 그리고 물을 끓여서 나오는 증기의 힘으로 배를 움직이지요.

사카모토 료마

예끼, 여보슈! 그게 말이 되오?

물 끓일 때 나오는 김으로 어떻게 저런 큰 배를 움직여?

＊막번 체제(幕藩體制) : 쇼군(막부의 우두머리)이 다스리는 중앙의 막부와 다이묘(영주)들이 다스리는 지방의 번으로 이루어진 지배 체제.

저흰 아저씨 말을 믿어요. 아저씨는 서양 배를 잘 아시네요?

사실 나도 스승님께 들은 거야.

사쿠마 쇼잔 스승님은 서양 학문을 깊이 공부한 분이시지. 서양 학문은 이 나라 최고일 거야.

사쿠마 쇼잔

사람들이 내 말을 못 믿는 것도 무리는 아니야. 나 역시 스승님께 서양 군함은 수십 문의 대포를 싣고 다닌다는 말을 듣고 도무지 믿을 수가 없었거든.

무거운 대포를 그렇게나 많이 실은 배가 어떻게 떠다닐 수 있는지 말이야. 그래서 내 눈으로 직접 보려고 온 거란다.

그런데 정말로 놀랍구나. 저렇게 큰 배가 있다는 것이. 그리고 저렇게 큰 배를 만들 줄 아는 또 다른 세상이 있다는 것이….

나, 사카모토 료마의 귀엔 저 검은 배의 쩌렁쩌렁한 외침이 들린다. 검은 배는 이제 이 나라가 바뀌어야 한다고 외치고 있어! 바뀌어야만 살아남을 수 있다고!

막부는 결국 미국의 개국 요구를 피할 수 없음을 깨닫고, 요코하마에서 페리 제독과 협상을 시작했습니다.

*사카모토 료마(坂本龍馬) : 일본 에도 시대의 무사로, 1866년 서로 대립 관계이던 사쓰마 번과 조슈 번의 동맹을 성사시켜 에도 막부를 무너뜨릴 발판을 마련했다. 이듬해에는 에도 막부가 천황에게 국가 통치권을 돌려준 '대정봉환'을 성사시켜 일본 근대화를 이끌었다.

그동안 네덜란드에 개방했던 나가사키 외에 하코다테와 시모다를 개방하겠소.

좋소, 조약을 맺읍시다.

1854년 3월, 계속된 미국의 무력 시위에 위협을 느낀 막부는 미국과 화친 조약을 체결했습니다. 이로써 200년 넘게 계속되던 일본의 쇄국 정책은 끝이 나게 되었습니다.

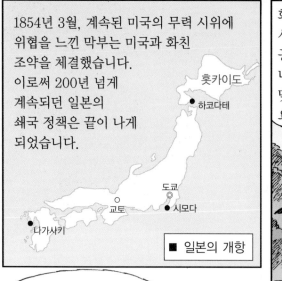

훗카이도
하코다테
도쿄
교토
시모다
나가사키

■ 일본의 개항

이는 일방적으로 일본에 불리한 조약이므로 천황께선 반대했지만 막부는 멋대로 조약을 맺고 말았어.

화친 조약으로 시모다에 머물게 된 미국 공사는 화친 조약에서 더 나아가 수호 통상 조약을 맺을 것을 막부에 요구했다.

송하촌숙 (요시다 쇼인의 개인 학교)

외세에 당당히 맞서지 못하는 막부는 없어져야 한다. 막부를 없애고 천황 폐하를 중심으로 강한 일본, 새로운 일본을 만들어야 해.

요시다 쇼인

＊요시다 쇼인(吉田松陰) : 일본 에도 시대의 사상가, 교육자. 메이지 유신의 정신적 지도자이자 이론가.
＊화친 조약(和親條約) : 서로 가까이 지내기 위해 체결하는 국제 조약.

요시다 선생님 말씀이 맞아. 이대로는 안 돼.

무능력한 막부에게 맡겼다가는 이 나라가 서양 세력에 먹히고 말 거야.

개국에 반대하는 사람들이 많네.

1858년, 막부는 미국과 수호 통상 조약을 맺은 데 이어 네덜란드, 러시아, 영국, 프랑스와도 조약을 맺었는데 이는 치외 법권을 허용하고 관세도 마음대로 정할 수 없는 불평등 조약이었습니다.

개항 후 국내 경제가 타격을 입고 나라가 혼란해지자, 위협을 느낀 사람들은 개항을 단행한 막부에 반발하며 존왕양이, 즉 천황을 받들고 오랑캐를 물리칠 것을 주장했습니다. 이 운동의 주축이 된 것은 사쓰마, 조슈, 도사 등 개혁 성향이 강한 번들이었습니다.

막부는 이들 존왕양이파를 강력하게 탄압해 백여 명을 붙잡아 처형했는데 요시다 쇼인도 그중 하나였습니다.

가츠라 고고로
(뒷날의 기도 다카요시)

요시다 선생님, 선생님은 비록 막부의 손에 처형되셨지만….

선생님의 뜻을 받들어 저희가 반드시 새로운 일본을 만들어 내겠습니다.

이토 히로부미

어이, 이봐. 혹시 수상한 무사놈 한 명 못 봤나?

모, 못 봤는데요.

* 수호 통상 조약(修好通商條約) : 외교와 무역을 목적으로 한 조약.
* 치외 법권(治外法權) : 일본에 머무는 외국인이 잘못을 저질러도 일본법에 의해 재판받지 않는 권리.

료마란 놈, 대체 어디 숨었지?

반드시 잡아야 해.

됐어요, 이제 나오셔도 돼요.

휴, 고맙다. 너희 덕분에 살았어.

근데 저 사람들은 누구예요?

신선조라는 치안 부대야. 존왕양이파를 없애려는 자들이지.

사카모토 료마

그럼 아저씨도 존왕양이파?

그래, 하지만 내가 생각하는 양이는 무조건 외국을 멀리하는 게 아니다.

사쓰마와 조슈 번이 서양에 대항하려다 오히려 당하는 걸 보고 힘으로는 서양에 상대가 안 된다는 걸 절실히 깨달았어.

서양에 머리를 숙여서라도 그들의 강함을 배워야 해. 그래서 그들만큼 강해졌을 때 당당히 싸워 물리치는 것이 내가 생각하는 양이다!

그러자면 막부를 없애고 천황을 중심으로 똘똘 뭉친 새로운 일본을 만들어야 해!

1866년, 교토

이렇게 두 분을 오시게 한 것은 다름이 아니라….

사이고 다카모리

존왕양이파의 핵심인 두 번의 대표에게 한 가지 제안을 드리기 위해서입니다.

기도 다카요시

비록 두 번이 여러 가지 일로 대립하고 있지만,

막부를 무너뜨리고 천황을 높이자는 목표는 같습니다.

두 번이 힘을 합쳐 막부에 대항하는 것이 어떻겠습니까?

나는 2년 전 막부가 우리 조슈를 정벌할 때 사쓰마가 막부 편에 섰던 것을 아직 잊지 못했소.

다 지나간 일이오. 또 지금은 그때와 사정이 다르지 않소? 이제 그만 이해해 주시오.

사카모토 료마의 중재로 사쓰마와 조슈 번은 동맹을 맺고 막부군과 싸워 크게 이겼습니다.
한편 료마는 여러 번과 함께 막부가 쥐고 있던 권력을 천황에게 돌려주는 '대정봉환'을 추진했습니다.

료마 님의 제안대로 힘을 합칩시다!

그렇소. 그것이 일본의 앞날을 위한 길이오.

좋소, 동맹을 맺읍시다!

＊대정봉환(大政奉還) : 국가를 다스리는 최고 권력을 일본에서는 '대정'이라고 했는데, 이 대정을 '받들어 돌려준다.'는 뜻을 가지고 있다.

며칠을 고민한 결과, 나 도쿠가와 요시노부는 국가 통치권을 천황께 돌려드릴 것을 결심했다.

15대 쇼군 도쿠가와 요시노부

아니, 쇼군! 어째서 그런 결심을….

지금 여러 번들이 연합해 막부에 대항하고 있으니, 어쩔 도리가 없다.

자진해서 정권을 넘기는 것이 그나마 우리 세력을 유지하는 길이다.

막부는 결국 새로 즉위한 메이지 천황에게 정권을 반환했고, 조정은 왕정복고를 공포했습니다(1867년). 하지만 몇몇 막부 세력은 이에 불복해 반란을 일으켰죠.

막부군이 반란을 일으켜 교토로 진격하고 있다!

사이고 다카모리 님!

오, 너희는 일전에 료마와 함께 왔던…!

왜 막부가 반란을 일으킨 거죠? 이미 천황에게 정권을 넘겼잖아요!

막부는 정권을 넘겨도 자신들의 세력은 유지될 거라 생각했지만 신정부는 막부의 힘을 빼앗으려 했거든.

84

료마 아저씨는 싸움을 피하려고 여러 번과 막부를 설득한 거였는데….

료마 아저씨는 어디 있죠? 료마 아저씨가 막부 측을 잘 설득하면….

료마는… 얼마 전에 정체를 알 수 없는 자객들의 손에 암살당했다.

예?

막부군은 메이지 정부군보다 3배나 병력이 많았지만 결국 패했고, 마지막 쇼군 도쿠가와 요시노부는 항복하고 말았습니다.

그 뒤에도 막부 세력은 일본 각지에서 저항을 계속했습니다. 하지만 신정부는 일 년여에 걸친 전쟁을 통해 막부 세력을 확실히 진압함으로써, 이후 메이지 천황을 중심으로 강력한 개혁 정치를 펴나갈 수 있게 됩니다.

메이지 유신은 정말 빠른 속도로 진행되고 있어. 불과 5, 6년 사이에 너무도 많은 것이 달라졌다고.

도쿄의 긴자 거리

그러게. 건물도 사람들의 모습도 전부 서양식으로 변했어. 이 긴자 거리는 여느 서양 도시의 거리나 다름없어 보여.

메이지 신정부는 막부가 있던 에도로 수도를 옮기고 이름을 도쿄로 바꿨습니다. 그리고 중앙 집권 체제를 확립하기 위한 개혁을 실시해 나갔습니다. 이것이 메이지 유신입니다.

* 메이지 유신(明治維新) : 19세기 후반, 일본에서 막번 체제를 무너뜨리고 메이지 천황 중심의 강력한 중앙 집권 국가를 이루기까지의 개혁 과정. 신분제 철폐, 국민 징병제 실시, 근대 문물 수용 등의 개혁을 이루었다.

우리가 막부를 타도한 것은 강력한 중앙 집권 국가를 만들어 서양 열강의 침략에 대비해야 한다는 목적 때문이었소. 하지만 지금은 막부 대신 천황이 다스린다는 것뿐, 중앙 집권을 이룬 것이 아니오.

기도 다카요시

그렇소. 진정한 중앙 집권을 이루려면 다이묘들의 영지를 모두 몰수해 정부가 직접 통치해야 하오.

오쿠보 도시미치

하지만 그렇게 하면 다이묘들의 반발이….

우리에겐 군사력이 있지 않소. 강제로라도 밀어붙여야 하오!

사이고 다카모리

메이지 정부는 다이묘들의 영지와 백성을 빼앗은 데 이어 다이묘들이 다스리던 번을 없애고 전국을 부와 현으로 나누어 중앙 집권 체제를 수립했습니다.

다이묘들은 대대로 다스려 오던 영지를 뺏기고 실업자가 된 셈이네.

실업자가 된 건 다이묘를 섬기던 무사들도 마찬가지지 뭐.

그래도 다이묘들은 불만을 달래기 위해 귀족 대우를 해 주었지.

하지만 우리 무사들은 신분제를 폐지하는 바람에 졸지에 평민이 되어 버렸어.

전투 전문인 무사를 없애고 국민들에게 병역의 의무를 지운다는 건 말도 안 돼.

댁이야말로 말도 안 되는 소리 마시오. 신분제가 없어진 덕분에 누구나 직업과 거주지를 선택하고 성도 가질 수 있게 됐잖소!

당신도 빨리 정신 차리고 앞으로 먹고살 길을 찾는 게 좋을 거요! 뭐, 내 밑에서 장사를 배워 보든가.

■에도 막부는 소수의 무사 계급이 다수의 평민을 지배하기 위해 백성들의 신분을 무사, 농민, 수공업자, 상인으로 나누어 엄격한 신분제를 실시했다.

천한 상인놈이 감히 무사를 모욕해? 베어 버릴 테다!

어이! 당신, 뭐 하는 거야? 이제 칼을 차고 다니는 것은 금지다!

뭐?

아아, 무사가 칼마저 차고 다니지 못하다니….

무사들의 불만이 극에 달하고 있소. 하루빨리 조선 정벌에 이들을 투입해 불만을 잠재워야 하오!

지금은 나라를 안정시키고 부국강병에 힘써야 될 때입니다.

오쿠보, 이리도 내 뜻을 모르겠나? 이대로는 무사들의 반란이 일어나고 말아!

그래도 안 됩니다. 나라의 안정이 우선이에요!

무사들의 불만을 밖으로 돌리기 위해 조선을 침략해야 한다고 주장한 사이고 다카모리 등의 무리는 자신들의 주장이 끝내 받아들여지지 않자 반란을 일으켰습니다.

사이고가 자신의 근거지 사쓰마 번에서 일으킨 세이난 전쟁은 가장 규모가 큰 무사 집단의 반란이었습니다.

＊세이난 전쟁 : 1877년 사이고 다카모리가 사쓰마 번(지금의 가고시마 현)에서 일으킨 반정부 내란.
　　　　　　　이는 메이지 유신 초기 무사 집단의 최대·최후의 반란이었는데, 정부는 이 반란을 제압함으로써
　　　　　　　권력의 기초를 확립하게 되었다.

평민들을 뽑아 만든 군대가 대대로 전투 훈련을 해 온 우리 무사들의 상대가 될까 보냐!

우리를 무시한 정부에 무사의 위력을 보여주자!

세이난 전쟁은 막부 시대의 무사 계급과 국민개병제에 의해 모집된 신식 군대의 싸움이었습니다.

철컥

철컥

7개월에 걸친 전쟁은 결국 정부군의 승리로 끝나고, 이로써 무사의 시대는 막을 내리게 되었습니다.

사이고와 난 같은 사쓰마 번 출신으로 막부 타도에 함께 몸 바쳐 온 동지였다.

하지만 우린 적이 되어 싸웠고 사이고는 죽었다. 정치란 이런 것인가….

멈춰라!

뭐냐, 네놈들은?

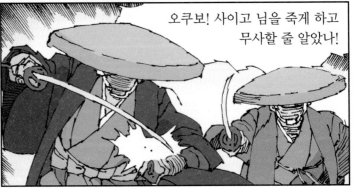

오쿠보! 사이고 님을 죽게 하고 무사할 줄 알았나!

88

* 국민개병제(國民皆兵制) : 국민 모두가 병역의 의무를 갖는 제도.

세이난 전쟁에서 사이고가 죽은 다음 해, 오쿠보도 죽었습니다.

헉!

이로써 유신의 시대는 가고, 반정부 운동은 국민의 자유와 권리를 얻기 위한 자유민권 운동으로 바뀌어 갔습니다.

하루속히 헌법을 만들고 국회를 열어 국민에 의한 정치를 해야 합니다!

옳소!

이타가키 다이스케

누군지 연설 잘하는데!

요즘 이런 연설회가 많이 열리는 것 같아.

이타가키 다이스케는 자유민권 운동에 앞장선 사람입니다.

무력이 아니라 민중의 힘을 모아 정치적인 투쟁을 벌여야 합니다!

그는 1881년, 일본 최초의 정당인 자유당을 만들었습니다.

이타가키 역시 조선 침략을 주장했으나 받아들여지지 않자 정부에서 물러났던 인물입니다.

뭐, 조선 침략? 에잇, 아까 한 박수 취소다!

연설 중지! 허가 받지 않은 집회는 불법이다!

하지만 날로 거세지는 자유민권 운동에 정부는 헌법을 제정해 입헌 국가 체제를 갖추겠다는 약속을 했습니다.

어디서나 민권 운동은 정부의 탄압을 받는군.

헌법을 만드는 일은 암살된 오쿠보의 뒤를 이어 이토 히로부미가 중심이 되어 진행했습니다. 그는 헌법을 만들기 위해 유럽 각국의 헌법을 조사했죠.

의회보다 황제의 권한이 강한 독일 헌법을 모델로 삼는 게 좋겠군. 강력한 개혁을 계속해 나가려면 천황에게 권력을 집중시켜야 하니까.

1889년, 일본의 대일본제국 헌법이 공포됐습니다. 이 헌법은 천황에게 신성불가침한 통치권이 있음을 명시한 헌법이었습니다.

천황 폐하 만세! 만세! 만만세!

헌법 공포로 온 나라가 축제 분위기야.

도대체 헌법의 내용이 뭔지나 알고들 저렇게 좋아하는 건지….

이 헌법에 의하면 의회가 설치되었지만 권한은 아주 제한적이야. 국민의 기본권도 천황의 은혜로 일부만 보장됐을 뿐이지. 이대로라면 결국 천황과 몇몇 권력자들의 뜻에 온 나라가 휘둘리게 될 거야.

1890년엔 최초로 의회가 열렸습니다. 의회는 귀족원과 중의원으로 이루어졌는데, 귀족원은 천황이 임명한 귀족들로 구성되고, 중의원은 총선거를 통해 선출된 국민의 대표들로 구성됐습니다.

건물도 의원들 복장도 완전 서양식이야. 꼭 유럽의 의회를 보는 것 같네.

메이지 유신의 목표가 서양을 본받자는 거니까 뭐!

＊신성불가침(神性不可侵) : 신성하여 함부로 침범할 수 없음.

짐이 생각건대 황조황종이 나라를 열어 굉원한 덕을 세움이 심후하도다.

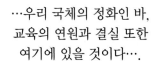

…우리 국체의 정화인 바, 교육의 연원과 결실 또한 여기에 있을 것이다….

대체 무슨 말인지 하나도 모르겠어.

나도야.

이제 국가인 기미가요를 부르는 것으로 행사를 마치겠다!

천황의 치세가 천 대에, 팔천 대에~ 조약돌이 큰 바위가 되어 이끼가 낄 때까지~

황조황종이 나라를 열어… 굉원한 덕을 세움이 심후하도다….

애네들은 아까 그 어려운 말을 다 외우고 있나 봐.

애, 너희는 그게 무슨 말인지 알고 외우는 거니?

몰라, 무조건 외우는 거야. 학생들은 누구나 이 교육칙어를 줄줄 외워야 해.

교육칙어?

정부는 교육칙어를 전국의 학교에서 행사 때마다 읽도록 했어. 학생들에게 천황과 국가에 대한 충성심을 주입하기 위해서지.

이 행사 때는 누구나 천황의 초상에 절해야 하지만 크리스트교 신도인 난 천황을 신처럼 숭배할 순 없었지. 결국 나는 학교에서 쫓겨났어.

우치무라 간조

＊교육칙어(教育勅語) : '교육에 관한 천황의 말씀' 이라는 뜻.

91

억!

앗, 아저씨! 괜찮으세요?

우치무라 간조다.

천황 숭배를 거부한 불경스런 놈!

모두들 천황과 국가에 대한 충성만 외치고 있으니 장차 이 나라가 어떤 길을 갈지 걱정이구나.

우치무라 간조의 걱정대로 힘을 키운 일본은 군국주의의 길로 나아가게 되죠. 일본은 자신들이 서양에 당했던 방식 그대로, 강화도에 군함을 보내 조선으로 하여금 억지로 불평등 조약을 맺게 했습니다.

무력을 앞세워 개국을 강요하다니….

미국에게 우리가 당했던 방식을 그대로 써먹게 됐어.

이제 충분히 힘을 키웠으니 조선 침략을 시작하려는 거야.

오쿠보나 기도가 조선 침략에 반대한 건 단지 때가 이르다는 이유 때문이었어.

일본은 청일 전쟁을 일으켜 승리함으로써 청나라의 간섭 없이 조선을 침략할 수 있게 되었습니다.

우리 일본이 청나라와 싸워 이겼다!

아아, 우리가 중국을 이기다니, 천황 폐하 만세~!

우리 일본도 서양열강 같은 강국이 된 거야!

쳇, 되게 좋아하네.

＊군국주의(軍國主義): 군사력에 의한 발전을 최우선으로 하여 정치·경제·문화·교육 등 모두를 전쟁 목적에 따르게 하려는 주의.

또한 일본은 청일 전쟁의 승리로 청나라의 요동(랴오둥)반도, 타이완 등을 얻게 되었습니다. 하지만 러시아, 독일, 프랑스가 요동반도를 청나라에 돌려줄 것을 요구했죠. 이를 삼국 간섭이라고 합니다.

천황과의 회의에선 삼국 간섭을 받아들일 수 없다는 쪽으로 결론이 났소. 대일본제국의 자존심 문제이기도 하니….

이토 히로부미

순순히 받아들여야 합니다.

무쓰 무네미쓰 (외무대신)

우리가 요동반도를 포기하지 않으면 러시아는 무력이라도 사용할 태세입니다. 지금 우리가 러시아와 싸워 이길 수 있습니까?

그렇군. 조선, 나아가 중국까지 손에 넣기 위해선 결국 러시아와 부딪쳐야 하니….

지금은 꾹 참고, 장차 러시아를 꺾을 힘을 길러야 할 때입니다.

1904년

호외요, 호외! 러시아와 일본 사이에 전쟁이 일어났습니다!

뭐라고? 여기 한 장 줘!

후아, 순식간에 다 팔았다.

다 팔았다고? 나도 읽고 싶은데.

장사가 잘됐으니 특별히 기사를 들려드리죠.

우리 일본은 일찍부터 러시아와 일전을 벌이기 위해 힘을 길러 왔다.

마침내 가쓰라 수상은 중국과 조선을 노리는 러시아와 전쟁을 결심했다.

일본은 청일 전쟁 때처럼 비겁하게 먼저 기습을 해 러시아 군함을 격침시켰다.

이로써 1904년에 드디어 러일 전쟁이 발발한 것이다.

비겁? 어째 기사 내용이 좀 이상한 것 같다?

러시아와 일본은 중국과 조선의 지배권을 두고 치열한 전쟁을 벌였습니다.

우리나라가 힘센 나라들의 먹잇감이 됐군.

일본으로도 모자라 러시아까지….

일본은 만주에서 벌어진 대규모 전투에서 승리한 데 이어 대한해협에서 벌어진 해전에서도 크게 승리했습니다.

러시아의 발틱 함대를 전멸시켰다!

도고 헤이하치로 제독님 만세!

하지만 전쟁이 길어지자 일본은 부담을 느꼈습니다. 러시아 역시 농민과 노동자의 파업, 혁명이 확산돼 전쟁을 계속할 수 없었죠. 두 나라는 미국의 중재로 미국의 포츠머스에서 강화 회담을 시작했습니다.

우리 일본이 승전국임을 인정하시오!

무슨 소리! 우리 러시아는 결코 지지 않았소.

양국 모두 전쟁을 끝맺는 것이 목적이니 서로 조금씩 양보하시오.

음~!

쓰~

결국 조선 지배에 에 대한 일본의 우선권을 인정하는 강화 조약이 맺어졌습니다.

94

*강화 조약(講和條約) : 서로 싸우던 나라끼리 전쟁의 종료와 평화의 회복, 영토, 배상금 따위의 조건을 정하는 조약.

이 포츠머스 조약으로 일본은 우리나라에 대한 지배권을 얻게 된 것이나 마찬가지였습니다.
미국을 비롯한 서양 열강도 비밀 협약 등을 통해 일본의 대한 제국 점령을 묵인하겠다는 의사를
표시했고, 이로써 일본은 1905년 을사늑약을 강제로 맺어 대한 제국을 자신들의 보호국으로
만들었습니다. 대한 제국의 국권 강탈과 대륙 침략 시나리오가 서서히 그 모습을 드러낸 것입니다.

• 류큐 병합과 홋카이도 개척

1868년 국왕 중심의 새 정권을 세운 메이지 정부는 영토 확장을 중점 과제로 삼았습니다. 그래서 남으로 류큐 왕국(오키나와)을 병합하고 북으로는 에조치(홋카이도)를 개척했습니다.

류큐 왕국은 1429년 주변을 통일하고 왕국을 이룬 독립 국가였습니다. 동아시아의 해상로에 위치한 류큐는 활발한 무역을 펼치며 독자적인 문화를 유지해 온 나라입니다. 그러나 1879년 메이지 정부는 군대를 보내 병합했고, 이로써 450년을 이어 온 류큐 왕국은 멸망했습니다.

에조치는 '오랑캐의 땅'이라는 뜻으로, 아이누 족이 살고 있을 뿐 황무지나 다름없었습니다. 메이지 정부는 그런 에조치에 '개척사'를 설치하고 영세 농어민을 집단으로 이주시켜 개발하면서 지명을 홋카이도로 바꾸었습니다. 홋카이도 개척은 아이누 족의 입장에서는 토지 수탈, 강제 이주, 전통 문화 파괴 등을 가져왔기에 '침략'이라 생각한답니다.

• 제국주의 침략의 기반이 되다

"우리는 손쉬운 상대인 조선 그리고 만주, 중국을 취함으로써 러시아와 미국과의 교역에서 잃은 것을 보충해야 한다." 이것은 요시다 쇼인의 주장입니다. 그가 내세운 정한론(조선을

▲ 류큐 왕국의 수도 슈리 성
류큐 왕국은 조선과 중국, 일본, 동남 아시아 간의 중계 무역으로 번영을 누리며 독자적인 문화를 유지해 왔다.

▲ 홋카이도 원주민 아이누 족
1869년 메이지 정부의 홋카이도 개발로 아이누 족은 소수 민족으로 전락하고 현재는 일본인이 인구의 대부분을 차지한다.

▲ 요시다 쇼인
메이지 유신의 정신적 지도자. 정한론과 대동아 공영론을 주창해 일본의 제국주의적 팽창에 영향을 끼쳤다.

▲ 송하촌숙
일종의 사립 학교로 요시다 쇼인은 이곳에서 기도 다카요시, 이토 히로부미 등 메이지 유신의 일등 공신을 길러 냈다.

▲ 후쿠자와 유키치
일본의 대표적인 개화 사상가로, 만 엔짜리 지폐에는 그의 초상화가 그려져 있다.

미국의 요구로 개항한 일본에서는 천황을 중심으로 한 강력한 나라를 만들기 위한 노력이 이어졌다. 이는 메이지 유신으로 결실을 맺었다.

정벌해야 한다는 주장)과 후쿠자와 유키치의 탈아입구론(아시아를 벗어나 서구 사회를 지향한다는 주장)은 제국주의 침략의 기반이 되어 대동아 공영론(동아시아와 동남아시아에 일본을 중심으로 새로운 국제 질서를 건설해야 한다는 주장)으로 발전했습니다.

결국 아시아 각국이 열강의 식민지로 전락할 때 메이지 유신에 성공한 일본만은 근대 국가로 성장해 제국주의의 길로 들어섰지요. 이후 청일 전쟁의 승리로 요동(랴오둥)반도와 타이완을 할양받고, 러일 전쟁에서 승리한 후로는 만주에서 영토적·경제적 이권을 얻었으며, 조선을 식민지로 삼았습니다.

▲ 류큐 왕국과 에조치
메이지 정부는 류큐 왕국(오키나와) 병합과 에조치(홋카이도) 개척을 통해 영토를 확장했다.

● 홋카이도에 세워진 최초의 공화국

1867년 마지막 쇼군 도쿠가와 요시노부는 국가 통치권을 천황에게 넘겼습니다. 이로써 12세기부터 쇼군 중심의 봉건제 사회였던 일본에는 국왕 중심의 메이지 정부가 들어섰습니다.

그러자 에도 막부를 지지하던 세력들이 반발해 내란을 일으켰는데, 이것이 바로 '무진 전쟁(보신 전쟁)'입니다. 조슈 번, 사쓰마 번, 도사 번이 중심이 된 신정부군은 막부가 있는 에도를 공격해, 막부군을 격파했습니다. 그뒤 패배한 막부군의 일부는 홋카이도까지 가서 저항을 계속해, 하코다테를 수도로 삼아 일본 최초이자 마지막 공화국인 '에조 공화국'을 수립했습니다. 그러나 1869년 5월 신정부군이 이들을 격파함으로써 에조 공화국의 짧은 역사는 끝이 났습니다.

▲ 최후의 격전지 고료카쿠
에조 공화국의 수도였던 홋카이도 하코다테에 있는 별 모양의 요새. 하코다테는 도쿠가와 막부와 메이지 정부군의 마지막 격전지였다.

▲ 마지막 쇼군 도쿠가와 요시노부
그가 국가 통치권을 천황에게 반환함으로써 일본은 메이지 유신의 길로 들어섰다.

▲ 에노모토 다케아키
에조 공화국의 총재였던 그는 무진 전쟁에서 패하자 항복했고 뒷날 메이지 정부에서 일했다.

▲ 무진 전쟁 당시 사쓰마 번의 무사들
무진 전쟁에서 막부 세력을 제압한 뒤, 승리의 주역이었던 사쓰마 번과 조슈 번 출신의 무사들이 메이지 유신을 주도했다.

5. 인도의 반영 운동과 민족주의

아우랑제브 황제가 죽은 후 무굴 제국은 급속히 쇠퇴하면서 지배력을 잃어 갔다.
일찍이 인도에 진출해 있던 유럽 여러 나라들과 무역 독점을 위한 싸움 끝에 승리한
영국의 동인도 회사는 점차 무굴 제국을 대신할 인도의 지배자로 성장해 가고,
마침내 인도는 영국의 식민지가 된다. 하지만 세포이의 항쟁을 시작으로
영국의 식민 지배에 저항하는 인도의 민족주의 열풍이 커져 가게 되는데….

인도 해안에 유럽식 요새가 세워져 있네!

영국의 동인도 회사가 캘커타에 세운 윌리엄 요새입니다. 17세기 초부터 인도의 무굴 제국과 무역을 시작했죠.

동인도 회사는 아시아 무역을 전담하기 위해 세워진 회사지?

그렇습니다. 포르투갈, 네덜란드도 동인도 회사를 세워 인도로부터 향료, 후추, 면직물 등을 수입해 갔죠.

유럽 국가들은 큰 이익이 남는 인도와의 무역을 확대하기 위해 서로 세력 다툼을 했습니다. 결국 포르투갈과 네덜란드는 인도에서 물러났지만 뒤늦게 인도에 들어온 프랑스가 영국과 경쟁을 하고 있죠.

유럽에서도 툭하면 싸우는 영국과 프랑스의 라이벌 관계가 인도에서도 계속되는군.

엇, 특이한 군복이네? 저 아저씨들도 영국군인가?

세포이입니다. 동인도 회사에 고용된 용병들이지요.

인도 현지인을 군인으로 채용한 거구나.

무역을 하는 회사가 뭣 때문에 군인이 필요해서 용병까지 고용한 걸까?

＊캘커타 : 인도 동쪽, 갠지스 강의 지류인 후글리 강에 접한 도시. 2000년에 이름을 콜카타로 고쳤다.

그야 물론 전쟁 때문이지. 프랑스 동인도 회사와의 전쟁!

벵골 지사
로버트 클라이브

세포이와 전쟁 영웅 로버트 클라이브 덕분에 프랑스 세력을 몰아낼 수 있었단다.

그런데 프랑스가 벵골 지역에서 다시 세력을 키우고 있어. 벵골의 나와브를 내세워서 말이야.

나와브?

무굴 제국에서 각 지방을 다스리는 태수를 나와브라고 합니다. 무굴 제국이 쇠퇴하면서 나와브들은 각 지방의 왕이나 다름없었죠.

프랑스가 벵골 나와브인 시라지 웃다울라와 손을 잡고 세력을 키우려 하고 있다고.

시라지 웃다울라

나, 로버트 클라이브가 다시 나서서 이 요새를 탈환하긴 했지만 훗날을 위해 벵골의 젊은 나와브 녀석을 아예 제거해 버려야 해!

엥? 그럼 전쟁 영웅 로버트 클라이브라는 사람이….

하하, 그래! 바로 나다!

쳇, 이상한 사람이네. 남 얘기하듯 자기 잘난 체를….

벵골 지사가 된 로버크 클라이브는 벵골의 나와브인 시라지 웃다울라를 제거하기 위해 음모를 꾸몄죠.

*벵골 : 남아시아의 동북부 지방을 부르는 이름.
　　　현재는 독립국인 방글라데시(동벵골)와 인도의 주인 서벵골 주로 나뉘어 있다.

1757년 벵골의 플라시

와~, 소가 끌고 코끼리가 미는 이동 포대다!

병력도 엄청나게 많아!

클라이브 아저씨. 벵골 나와브의 병력이 열 배도 넘게 많아요. 아무리 전쟁 영웅이라도 이 싸움에선 못 이겨요.

걱정 마라. 이 싸움에선 우리가 이기게 돼 있어.

젊은 나와브 녀석은 군대의 최고 사령관인 당신이 우리와 손잡은 걸 몰랐지. 싸움은 간단히 우리의 승리로 끝났소.

잘됐소. 이제 내가 조카 대신 나와브 자리를 차지할 수 있게 됐군요.

클라이브는 조카의 나와브 자리를 탐내는 미르 자파와 은밀히 손을 잡았던 것입니다.

어쩐지~, 저런 음모가 있었군.

조카를 죽이고 새로 벵골의 나와브가 된 미르 자파는 자신을 도운 클라이브와 영국 동인도 회사에 엄청난 금액을 대가로 주었습니다. 영국 동인도 회사는 미르 자파가 벵골에서 프랑스 세력을 쫓아내 줌으로써 인도 무역을 독차지하게 되었죠.

어흠, 흠!

어서 오십시오, 나리.

덥구나, 부채를 부쳐라.

예이~.

물담배를 가져와라!

예, 갑니다~!

어험.

동인도 회사 직원이 수많은 인도 하인들을 두고 호화롭게 살고 있어.

동인도 회사에선 직원들에게 임금을 아주 많이 주나 보죠…?

임금은 형편없이 짜. 대신 동인도 회사는 벵골에서 온갖 특권을 누리고 있으니까 돈 벌 방법은 많지.

동인도 회사 직원들은 주로 사무역으로 돈을 벌지. 비싼 값에 팔고, 헐값에 사고, 관세도 안 내고.

그런데도 벵골의 나와브가 가만히 있어요?

나와브는 동인도 회사의 꼭두각신걸. 얼마 전에 미르 자파가 우리에게 불만을 갖기에 새 나와브로 갈아치웠어.

* 사무역(私貿易) : 국가의 허락 없이 개인이 자신의 이익을 위해 하는 무역.

잘 닦아서 갖다 둬라. 값비싼 거니까 항상 조심해서 다루고.

순 못된 짓 해서 긁어모은 돈으로 호화롭게 사는 거잖아!

흥, 값비싼 거라고? 에잇!

무, 무슨 짓이냐! 저놈들을 잡아라~!

그렇다고 그걸 깨면 어떡하니.

어차피 담배는 몸에 나쁜 건데 뭘~.

벵골의 새 나와브가 된 미르 카심도 동인도 회사의 착취를 참다 못해 무굴 제국 황제와 함께 북사르에서 군사를 일으켰지만 패하고 말았습니다.

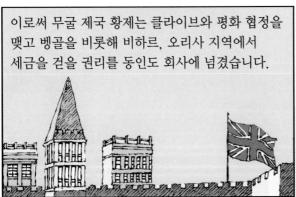

이로써 무굴 제국 황제는 클라이브와 평화 협정을 맺고 벵골을 비롯해 비하르, 오리사 지역에서 세금을 걷을 권리를 동인도 회사에 넘겼습니다.

인도 동부의 광대한 지역이 동인도 회사에 넘어 갔어….

영국의 인도 지배가 이런 식으로 시작되는 구나.

그런데 북사르 전투 후 막대한 세금을 걷을 권리를 얻었음에도 동인도 회사는 별 이익을 얻지 못했습니다.

아니, 어째서?

직원들의 부정부패 때문이겠지 뭐!

네. 동인도 회사 직원들은 부정한 방법으로 부자가 되고 회사는 가난해진 겁니다.

동인도 회사가 파산에 이르자 영국 정부가 나섰습니다.

상업 회사인 동인도 회사가 행정 업무를 맡는 것은 무리다. 세금을 걷고, 통치하는 일은 정부가 하는 것이 바람직하다.

이에 캘커타에 총독부와 최고 법원이 설치되고 헤이스팅스가 초대 벵골 총독에 임명됐습니다.

초대 벵골 총독 헤이스팅스

동인도 회사 뒤에 있던 영국 정부가 슬슬 나서는 것 같은데?

이후 영국은 점차 인도 식민 지배 기반을 갖춰 나가게 되었죠.

1798년, 인도 남부 마이소르 왕국

흠, 이 아이들이 마이소르의 호랑이를 보고 싶다며 찾아왔다고?

예, 폐하!

영국군이 가장 두려워하는 마이소르의 호랑이가 이 왕궁에 있단 소문을 듣고 꼭 보고 싶어서…

핫핫, 실컷 보거라.
내가 바로 마이소르의
호랑이니라.

옛?

'마이소르의
호랑이' 는 우리
티푸 술탄 폐하의
별명이란다.

난 프랑스가 영국과
적대 관계인 걸
알고 프랑스와
동맹을 맺어
영국과 두 차례
싸워 이겼지.

아하, 그래서
영국군이
마이소르의
호랑이를
그렇게
두려워하는군요.

지난번의 3차
전쟁에선 패하고
말았지만 영국
침략자들을 이 땅에서
쫓아내겠다는 내
신념은 변함이
없다.

폐하! 영국군의
공격입니다!

뭐라고? 이놈들이
선전 포고도 없이…!

쾅

쾅

106

프랑스와 동맹을 맺은 마이소르는 가장 위험한 적이다. 마이소르의 호랑이를 확실히 제압해야 한다.

영국군 장교
아서 웰즐리

폐하, 벌써 한 달째 영국군이 포위를 풀지 않고 있습니다. 분하지만 항복하는 길밖에….

영국 정부에 항복하면 평생 연금을 주겠다고 했단 말이냐?

하지만 난 이교도들의 꼭두각시로 사느니 차라리 전사로서 죽겠다!

결국….
사흘간의 격렬한 전투 끝에 성이 함락됐어.

부하들과 함께 끝까지
싸우다 전사하셨구나….

아! 티푸
술탄께서…!

과연 마이소르의
호랑이답구나….
그는 위대한
술탄이었다.
정중히 장례 지내
주어라.

티푸 술탄을 물리친
아서 웰즐리는
인도 총독이 된 형
리처드 웰즐리와
함께 마라타 동맹과의
전쟁을 시작했지요.

제4대 총독
리처드 웰즐리

마라타
동맹?

인도 중부 데칸 고원
일대 힌두 군주들의
연합입니다.

이제 인도에서 영국에
대항할 만한 세력은 마라타
동맹뿐이다. 아서, 이번엔
마라타를 꺾을 차례야.

＊마라타 동맹 : 18세기 인도에서 마라타 왕국을 중심으로 결성된 봉건 제후의 연합체.
무굴 제국에 대항하여 인도 중부를 지배했으나, 영국과의 충돌로 지배권을 잃었다.

하지만 형님, 런던의 동인도 회사 이사회는 형님이 정복 전쟁을 벌이는 것에 불만이 많습니다.

이사회는 마라타 동맹과 분쟁을 일으키지 말라고 했는데….

그건 그들이 몰라서 하는 소리야. 런던에 있는 이사회가 이곳 인도 사정을 어찌 알겠어?

더 큰 이익을 위해서 영국의 인도 지배를 확실히 해 두지 않으면 안 돼.

아서 웰즐리가 마라타 동맹과의 싸움에서 승리하며 이 지역도 사실상 영국의 지배 아래 놓이게 됐죠.

두 형제가 인도를 차지하는 데 공을 세웠구나.

하지만 리처드 총독은 지시를 어기고 과도한 전쟁을 벌였다는 이유로 징계를 받고 총독에서 물러났습니다.

힝, 고것 쌤통이다!

점점 더 많은 영국인이 인도로 오고 있어.

이 캘커타는 마치 영국의 한 도시 같아.

영국인들은 모두 인도에서 화려한 생활을 하는데….

정작 인도 사람들은 너무나 가난하게 살고 있어.

영국인들이 우리 풍요를 모두 빼앗아 갔기 때문이야. 왕들은 나라를 빼앗기고, 지주는 토지를 빼앗기고, 농민들은 힘겹게 수확한 농작물을 세금으로 다 빼앗기고….

한때 유명했던 인도 전통 직물을 만들던 수공업자도 모두 사라지고 상인들도 망했어.

영국인들은 이 땅의 풍요를 남김없이 빼앗아 가더니 이젠 우리의 종교와 전통마저 빼앗아 가려 하고 있어.

여러분, 신은 오직 하나님 뿐입니다!

그리고 신께 나아가는 길은 오직 예수 그리스도를 통해서만….

카악

흥!

110

크리스트교 선교사인가 봐요?

으응, 그렇단다.

동인도 회사는 원래 크리스트교 선교를 금지했는데?

종교 문제로 마찰이 일어나 무역에 방해가 될까 봐 그런 거지. 주요 목적은 무역이니까.

하지만 얼마 전엔 힌두교 관습을 금지시켜서 세포이의 폭동이 일어났다더군.

사실 크리스트교로 개종하는 인도 사람은 거의 없지.

1813년엔 선교를 금지하는 법이 폐지되고 '인도에서 종교와 도덕의 개선에 힘쓰는 것이 영국의 의무'임을 법에 명시했습니다.

결국 영국식으로 바꾸겠다는 거잖아?

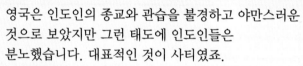

영국은 인도인의 종교와 관습을 불경하고 야만스러운 것으로 보았지만 그런 태도에 인도인들은 분노했습니다. 대표적인 것이 사티였죠.

남편이 죽으면 아내도 따라가는 것이 힌두교의 전통이오. 시바 신의 축복으로 천상에서 남편과 다시 만날지니….

시, 싫어요!

맙소사, 살아 있는 부인을 죽은 남편과 함께 화장하고 있어…!

아아아악~!!

이것이 힌두교 관습인 사티입니다.

아무리 종교 관습이라지만 이건 정말 아니다! 이런 야만스런 관습은 없어져야 해!

람모한 라이 선생께선 사티 의식에 강력히 반대하신다고 들었습니다. 저는 이번에 사티를 법으로 확실히 금지시키고자 합니다만….

아니, 조용히 점진적으로 바꿔야 합니다. 영국은 인도 사회를 너무 빨리 영국식으로 바꾸려 하고 있어요.

인도인들은 그런 방식에 반감을 갖고 있습니다.

초대 인도 총독 윌리엄 벤팅크

나 역시 그렇게 생각한다. 하지만 인도 사회를 변화시키려면 신중해야 해.

인도의 사회 개혁가 람모한 라이

사티를 법으로 금지하면 반감은 더 커질 겁니다. 자신의 종교와 관습을 버리라고 강요하는 셈이니까요.

어느 사회나 종교 문제가 가장 민감한 것 같아.

인도 사회도 서구 문화의 장점을 받아들여 바꿔어야 한다. 하지만 스스로 변화하게 해야 해. 지배자인 영국이 강제로 변화시키려 하면 결국 충돌이 일어날 거야.

하지만 총독은 결국 사티를 법으로 금지시켰어. 그러자 힌두교 신도들은 사티 의식을 더 중시하게 됐지.

영어를 공식 언어로
정하고, 도로와 철도가
놓이는 등 개혁 조치가
계속되고 있어.

봄베이에 아시아
최초의 철도 노선이
생겼다는데
가 보자!

앗, 위험해!
뱀이다!

인도엔 뱀이
너무 많아.
에잇, 죽어라!

까, 까치야, 잠깐!
그건 뱀이 아니라…

크르르….

호, 호랑이
꼬리였어…?

으아악!

＊봄베이 : 인도 제2의 도시. 인도 최대의 무역항이며 면·기계·화학·식품 가공 따위의
　　　　각종 공업이 발달했다. 지금은 이름을 뭄바이로 바꾸었다.

내 덕분이라기보다 새로 지급받은 신식 엔필드 소총 덕분이지.

얘들아, 괜찮니?

우…우리가 안 죽은 건가요? 정말 고맙습니다, 덕분에 살았어요.

엔필드 소총은 이 종이 탄약을 쓰기 때문에 장전을 빨리 할 수 있단다. 이 종이 탄약엔 화약과 총알이 함께 들어 있지.

종이를 이빨로 찢어 화약과 총알을 총에 쏟아넣으면 되는데, 종이엔 잘 미끄러져 들어가도록 기름칠이 되어 있어.

생명의 은인이신데 달리 드릴 건 없고, 이거라도 좀 드세요.

미안하지만 다른 카스트와는 음식을 나눠 먹을 수 없어.

세포이들도 그런 종교 관습을 지키나요?

여럿이 생활 하는 군대에서 그런 걸 지키긴 힘들 텐데….

그래도 초기엔 같은 카스트끼리 부대를 편성하는 등 종교 관습을 존중했지. 하지만….

갈수록 군대의 명령과 종교 관습이 충돌하는 일이 많아져.

인도를 벗어나면 카스트를 잃을까 봐 해외 원정을 거부한 세포이 부대가 처벌받은 일도 있었단다.

하사관님, 저희는 새로 지급된 엔필드 소총을 쓸 수 없습니다!

아니, 그게 무슨 소린가? 어째서?

이 종이에 칠해져 있는 기름이 뭔지 아십니까? 힌두교 신도에게 금기인 소기름이랍니다!

무슬림 세포이들 에겐 돼지기름을 바른 탄약을 주었답니다!

우리에게 종교의 금기를 어기게 한 다음 크리스트교로 개종시키려고 음모를 꾸민 거예요!

그게 사실이라면 참을 수 없는 일이다. 손도 대선 안 되는 소기름에 입을 대게 만들었다니!

이 일을 계기로 북인도 지역의 세포이 병사들은 폭동을 일으켰습니다.

델리의 붉은성

델리로 진군한 그들은 그 지역의 세포이들과 합세해 델리를 점령하고 이름뿐이던 무굴 제국의 황제를 지도자로 세웠습니다.

＊붉은성 : 타지마할을 건축한 무굴 제국의 제5대 황제 샤 자한이 건설한 왕궁.
　　　　　 인도에서는 '랄킬라' 라고 부른다.

폐하! 폐하를 지도자로 모시고
무굴 제국 부활을 위해 싸우겠습니다!

모든 힌두교 신도와
무슬림은 단합하여
영국인을 몰아내고
무굴 제국의 영광을
되찾으라.

무굴 황제
바하두르샤 2세

황제 폐하께
승리를!

영국인을 모두
죽여라~!

너무했다.
영국인이라면
닥치는
대로….

그동안 영국인의 지배에
쌓였던 불만이 그만큼
많았던 거겠지.

영국의 영토 정복과 착취, 인도의 종교와
전통을 무시한 사회 개혁 등으로 쌓여 온
불만이 엔필드 소총 사건을 계기로
마침내 거세게 터져 나왔던 겁니다.

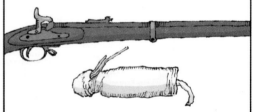

힌두교 신도와 무슬림이 단합해
영국을 몰아내자는 구호에
호응해 항쟁의 물결은 인도
북부에서 중부까지
퍼져 나갔습니다.

116

드디어 지원군이 도착했다! 델리를 되찾아라!

그런데 영국군은 세포이 항쟁군과 싸우는데도 여전히 세포이 군대를 동원하고 있어.

반란군을 무찔렀다!

우리가 이겼다!

참 좋으시겠어요. 같은 인도인 세포이면서 영국 편에 서서 세포이 항쟁군을 물리쳤으니.

같은 인도인이라니 무슨 엉뚱한 소리냐. 우린 시크교 신도일 뿐이다.

반란군은 무굴 제국 부활을 내세웠다. 하지만 무굴 제국은 우리 시크교 신도를 탄압해 왔어!

그동안 지배 세력인 무슬림 밑에서 우리 시크교 신도들이 얼마나 힘들었다고!

세포이 반란군의 중심은 우리의 원수인 무슬림이니 우리가 그들에 협조할 이유가 없지!

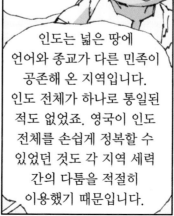

같은 인도인이란 생각이 아예 없네….

인도는 넓은 땅에 언어와 종교가 다른 민족이 공존해 온 지역입니다. 인도 전체가 하나로 통일된 적도 없었죠. 영국이 인도 전체를 손쉽게 정복할 수 있었던 것도 각 지역 세력 간의 다툼을 적절히 이용했기 때문입니다.

영국에 맞선 최초의 항쟁인 세포이 항쟁은 1년 만에 실패하고, 항쟁에 나섰던 세포이와 인도인들에겐 잔혹한 보복이 가해졌습니다.

* 시크교 : 15세기 인도 북부 펀자브 지방에서 나나크가 힌두교의 바크티(믿음과 사랑) 신앙과 이슬람교의 신비주의 사상을 결합해 탄생시킨 종교.

세포이 항쟁의 책임을 물어 영국은 동인도 회사를 해체하고 영국 국왕이 인도를 직접 통치할 것을 선포했습니다. 빅토리아 여왕이 인도의 황제가 된 것입니다(1858년).

인도인도 영국인과 똑같은 대영 제국의 백성으로서 차별받지 않을 것이며, 영국은 인도인의 종교와 관습을 존중할 것이다!

세포이 항쟁 결과 동인도 회사도 없어지고 무굴 제국도 없어졌구나.

모두 하나의 인도인이란 생각으로 뭉쳤다면 성공할 수도 있었을 텐데.

퀘스트입니다. 인도의 민족주의가 형성되는 데 영향을 준 영국의 정책들을 알아보세요.

으잉? 영국의 정책이 인도 민족주의에 영향을 줬다고?

봄베이

인도 최초의 기차가 운행된 빅토리아 역이야.

기차 한번 타 본다는 게 세포이 항쟁으로 이제야 오게 됐네.

까치야, 인도 민족주의 형성에 영향을 준 영국의 정책 말야. 철도와 도로의 건설도 그중 하나가 아닐까?

응? 어째서?

철도와 도로 덕분에 서로 멀리 떨어진 지역 간의 소통이 쉬워졌을 테니까 말야.

우아~ 엄지는 역시 똑똑해.

퀘스트29 인도의 민족주의가 형성되는 데 영향을 준 영국의 정책은?

그 말도 일리가 있구나. 그렇다면 우편과 전신도 한몫했다고 봐야겠는걸?

아, 그렇겠네요!

지역 간의 소통도 편해졌지만 가까운 곳이든 먼 곳이든 인도 내에서의 우편 요금이 모두 같다는 건 '인도는 하나다' 라는 생각을 갖게 하는 데 도움을 줬지.

수렌드라나트 바네르지

기차 타길 정말 잘했다, 그렇지?

응, 퀘스트가 술술 풀려!

그런데 내 생각에 가장 큰 역할을 한 건 영어 교육인 것 같구나. 우리 인도인의 지식 수준을 높이기 위한 목적은 아니었지만 공교육 위원회가 설치되면서 영어 교육이 폭넓게 실시됐거든.

영어와 서양 학문을 배워 서양식 사고방식을 지닌 인도인이 배출되면 그들이 영국과 인도의 다리 역할을 해 줄 것이다. 또 그들을 관리로 쓰면 영국인을 데려다 쓰는 것보다 비용도 적게 들 것이다.

하지만 인도인은 고급 관리가 될 수 없었어. 난 인도인으로선 처음으로 고급 관리 시험에 합격했지만 인도인이 영국인을 부하로 두는 걸 용납할 수 없다며 나를 해직했지.

그래서 난 영국의 인종 차별 정책에 맞서 싸우기로 결심했다!

그런데요, 영어 교육이 민족주의에 어떤 도움을 준 거죠?

하하, 그 얘길 빼먹었구나. 바로 의사소통이지.

지역마다 언어가 다 달라 서로 의사소통이 안 됐던 인도인들이 영어 교육 덕분에 영어로 의사소통할 수 있게 된 거야!

그래, 한 나라 사람이란 생각이 들려면 먼저 서로 말이 통해야지!

그러니까 영어 교육, 교통과 통신망 건설이 인도의 민족주의 형성에 도움을 준 거군요?

그렇지. 내가 인도인들의 단결을 위해 우편으로 연락하고, 철도를 이용해 만나러 가고, 만나서는 영어로 서로 대화를 하잖니? 하하!

어때, 미르? 퀘스트 잘 풀었지?

근데 퀘스트 해결을 도와준 아저씨 이름도 안 여쭤봤어!

예, 그렇습니다.

수렌드라나트 바네르지입니다. 그는 1876년에 인도인들의 정치 단체인 인도 협회를 창립했죠.

인도 협회는 1885년에 더 전국적인 단체인 인도 국민 회의로 발전합니다. 이런 단체의 중심이 된 것은 바로 영어 교육을 받고 서양식 사고방식을 지닌 사람들이었습니다.

＊일버트법 : 인도 참사회의 법률 위원인 일버트가 제출한 법안. 유럽 인의 특권 폐지, 인종 차별 완화 등을 내용으로 하는 것이었으나, 현지 및 본국 영국인의 반대로 실효를 거두지 못하고 인도의 국민 운동을 고조시키는 결과를 가져왔다.

자유주의자로서 많은 진보적 정책을 펼친 리펀 총독은 1883년 인도에서 영국인들이 누리는 특권을 폐지하자는 일버트법을 제정하려 했습니다.

인도인 판사가 영국인을 재판할 수 없다는 건 인도인을 차별하는 잘못된 법이다. 마땅히 폐지돼야 한다.

리펀 총독

하지만 영국인들의 맹렬한 반대로 법안은 제정되지 못했죠. 이 사건을 통해 인도의 지식인들은 현실을 깨닫게 되었습니다.

우리가 아무리 영국인처럼 생각하고 영어로 말을 해도…,

우린 결국 인도인일 뿐이야!

그런데 1905년, 영국은 인도의 민족 운동을 약화시키기 위해 벵골 지역을 힌두교 신도가 많은 서벵골과 무슬림이 많은 동벵골로 나누는 벵골 분할령을 선포했습니다.

영국 제품을 사지 말자! 국산품을 애용하자!

저건 무슨 시위 인가요?

벵골 분할령에 맞서는 국민 회의의 스와데시 운동이란다.

스와데시는 국산품을 애용하자는 운동이야. 스와라지를 위해서는 경제적 독립이 우선되어야 하니까.

스와라지는 또 뭐죠?

'자치'를 말하는 거란다. 영국의 지배에서 벗어나 완전한 자치를 실현하는 것이 우리의 목표야.

그럼 우리도 함께할게요!

영국 제품 사지 말자! 국산품을 애용하자!

＊스와데시 : 힌두 어로 '조국의', '자기 나라에 속한'의 뜻을 가지고 있다.
　　스와데시 운동은 경제적인 측면에서는 국산품 애용 운동으로 널리 알려져 있다.

벵골 분할에 찬성한다!

영국의 정책을 지지한다!

아니, 저 사람들은 뭐지?

저들은 인도 무슬림 연맹입니다.

벵골 분할 반대 시위가 전국적으로 확산되자 영국은 위기감을 느꼈죠.

인도인들이 한데 뭉치면 곤란해. 어떻게든 뭉치치 못하게 해야 하는데….

그렇지! 힌두교 신도와 무슬림의 대립을 이용하는 거야.

무슬림들은 영국의 부추김을 받아 따로 인도 무슬림 연맹을 결성했습니다.

힌두교 신도만을 위한 국민 회의에 맞서 무슬림의 권익을 보호하고 영국에 협조할 것이다!

민족 운동을 분열시키기 위한 술책을 썼구나!

일제가 우리를 지배할 때 민족 분열 정책을 썼던 게 영국한테 배운 거였군!

영국 편을 들다니, 이런 배신자들!

일부 민족 운동 지도자들은 힌두교 신도와 무슬림이
대립하는 것은 영국이 파놓은 함정에 빠지는 것임을
알고 화합을 위해 노력했으나, 대립은 격렬해졌죠.
이 사건은 뒷날 인도와 파키스탄이 분리되는
씨앗이 되었습니다.

우리 무슬림에게 힌두교 신도는
적일 뿐이다!

▲ 잔시의 왕비, 락슈미바이
세포이 항쟁으로 불붙은 인도의 독립 전쟁에 참여해 전투를 이끌다가 23세의 나이에 장렬히 전사했다.

▲ 1857년 무렵의 잔시
잔시는 마라타 동맹에 속한 작은 왕국 가운데 하나였다.

● 인도의 잔 다르크, 락슈미바이

1857년, 영국 동인도 회사의 용병인 세포이의 봉기로 인도 독립 전쟁이 시작되었습니다. 이 전쟁에 적극적으로 참여했던 인물 중에 락슈미바이라는 여성이 있었는데, 그녀는 델리 동남부에 있는 작은 왕국 잔시의 왕비였습니다.

당시 동인도 회사는 인도의 여러 왕국들 중에 후계자가 없는 나라는 강제 병합해 자신들의 직할령으로 두었는데, 1853년 잔시의 왕이 자녀 없이 죽자 왕국은 강제로 병합되었고, 락슈미바이는 왕국에서 쫓겨났습니다. 얼마 뒤 세포이의 반란이 일어나자 그녀는 군대를 조직해 다른 세포이 군대와 힘을 합쳐 영국군 요새를 습격하는 등 놀라운 전과를 세웠습니다. 하지만 앞장서 군대를 지휘하던 그녀는 영국군의 표적이 될 수밖에 없었고, 결국 23세의 꽃다운 나이에 총탄에 맞아 세상을 떠나고 말았습니다.

● 티푸의 호랑이

영국 런던의 빅토리아앤드앨버트 박물관에는 남인도 마이소르 왕국의 술탄 티푸가 소유했던 악기가 전시되어 있습니다.

'티푸의 호랑이'라고 불리는 이 악기는 영국인 병사를 물어뜯고 있는 호랑이의 모습입니다. 악기는 실제 호랑이의 크기만

▲ 술탄 티푸
'마이소르의 호랑이'라 불렸던 티푸는 영국에 대항해 끝까지 싸웠다. 그의 시신은 전사자들 속에서 발견되었다.

▲ 술탄 티푸의 마지막 전쟁
1800년 무렵 영국 화가 헨리 싱글톤이 그린 그림. 30여 년 동안 4차례에 걸친 전쟁 끝에 마이소르 왕국은 영국에 점령되었다.

▲ 티푸의 호랑이
영국군의 목을 물고 있는 호랑이의 모습은 영국 동인도 회사에 대한 인도인의 반영 감정을 잘 보여 준다.

무굴 제국이 쇠퇴하면서 영국은 동인도 회사를 앞세워 인도를 식민지로 만들었다. 이에 세포이 항쟁을 시작으로 각지에서 민족주의 운동이 일어났다.

한데, 스위치를 누르면 호랑이가 으르렁거리는 소리와 함께 희생자가 비명을 지르며 손을 위아래로 움직입니다. 보기만 해도 섬뜩한 이 악기는 당시 인도인들이 영국군에게 어떤 감정을 가졌는지 잘 보여 주는 유물이라고 할 수 있습니다.

• 인도를 삼킨 동인도 회사

영국은 아시아에서 무역 이익을 얻기 위해 1600년 동인도 회사를 세웠습니다. 이어 프랑스도 동인도 회사를 세우고 영국과 경쟁했으나, 플라시 전투에서 패배한 뒤 인도에서 물러났지요.

영국 동인도 회사는 무역을 독점했을 뿐 아니라 본국의 면직물을 대량 수출해 인도의 면직물 산업을 붕괴시키고, 목화, 아편, 차 등 수출 상품을 재배하며 농촌을 수탈했습니다. 인도가 영국의 원료 공급지이자 상품 시장으로 전락한 것입니다.

그 뒤 동인도 회사는 단순한 무역 기구에 그치지 않고 무굴 제국 황제로부터 세금을 걷을 권리를, 본국으로부터 병사를 모집하고 전쟁을 할 권리를 얻으면서 권력을 쥐게 되었습니다. 그러던 중 1858년 세포이 항쟁이 일어나자, 영국 정부는 이에 대한 책임을 물어 동인도 회사를 해체하고 국왕이 직접 통치할 것을 선포했습니다. 이로써 그때까지 이름뿐이었던 무굴 황제의 지위는 사라지고, 무굴 제국은 멸망했습니다.

▲ 베틀로 천을 짜는 인도의 직공들
인도의 직공들이 만든 섬세한 옷감은 영국에서 선풍적인 인기를 끌어 엄청난 양이 수입되었다. 그러나 100년쯤 뒤에는 영국에서 기계로 만든 값싼 직물이 인도 시장에 넘쳐나, 인도의 면직물 산업은 무너지고 말았다.

▲ 아편을 말리는 인도 노동자들
영국은 중국에서 차를 수입하면서 생긴 엄청난 무역 적자를 메우기 위해, 인도 노동자들이 동인도 회사 소유의 땅에서 재배한 양귀비를 공장에서 가공해 중국에 밀수출했다.

▲ 세포이
영국의 동인도 회사가 무슬림과 힌두교 신도 중에서 뽑은 용병. 한때 인도에 주둔한 영국군의 90퍼센트 이상을 차지했다.

▲ 세포이 항쟁
세포이 항쟁(1857~1859)은 농민 반란과 함께 전국적으로 확산되어 2년간 반영 투쟁으로 계속되었다.

▲ 영국 동인도 회사
처음에는 인도와의 무역을 독점하는 회사였지만 나중에는 인도 식민 지배에 앞장서게 되었다.

6. 나에게 손대지 마라!

동남아시아의 여러 왕국들 역시 열강의 식민 지배를
피해 갈 수는 없었다. 하지만 프랑스 지배하의 베트남에서도,
에스파냐 지배하의 필리핀에서도 가혹한 탄압에 굴하지 않고
독립을 위한 투쟁은 계속되었다. 타이는 동남아시아에서 유일하게
열강의 식민지가 되지 않았는데….

방콕의 상징인 왓 아룬 사원은 동틀 무렵 가장 아름다워서 새벽 사원이라 부른대.

타이 방콕 근처의 짜오프라야 강변

그렇다고 잠도 못 자게 새벽부터…. 아후, 졸려~.

일찍 일어났더니 배도 고프다. 빨리 뭐 좀 먹으러 가자.

내가 어쩌다 이런 잠보에 먹보하고 한 팀이 돼 가지고….

이제 그만 왕궁으로 가자꾸나, 루이스.

예, 어머니.

지금 저 아줌마가 '왕궁'이라고 하지 않았니?

글쎄, 그랬나?

이 끄룽텝은 정말 동양의 베니스라고 불릴 만해.

그게 다 짜오프라야 강 덕분이죠. 어어…?

걱정 마세요, 지금 갑니다~.

루이스!

풍덩

누, 누가 좀 도와줘요~!

으왓!

128

* 왓 아룬 사원 : 타이의 수도 방콕 근처 톤부리에 있는 불교 사원. 톤부리 왕조의 탁신 왕이 건설했다. '새벽 사원'이라는 뜻을 가지고 있다.

어휴, 겨우 구했다.

정말 고맙구나. 이 은혜를 어떻게 갚아야 할지….

은혜랄 것까지야. 정 그러시면 맛있는 타이 음식 사주….

아까 혹시 왕궁에 가신다고 하지 않았나요?

그래, 난 영국인인데 왕자님의 가정 교사로 왕궁에 머물고 있단다. 국왕이신 라마 4세께선 서양 문물을 배워야 한다며 나 말고도 여러 서양인 교사를 초빙하셨어.

애너 리오노언스

그럼 저희도 왕궁 구경 좀 시켜 주시면 안 될까요?

아니, 그건 좀…. 왕궁은 아무나 함부로 들어갈 수 없는 곳이라….

그럼 할 수 없죠, 뭐. 생명의 은인인데도 안 된다니….

…!

와~, 진짜 으리으리하다!

왓 프라깨오 사원 (에메랄드 사원)

이건 무슨 건물이죠?

왓 프라깨오 사원이야. 에메랄드 사원이라는 뜻이지.

* 끄룽텝 : 타이의 수도 방콕을 이르는 다른 이름.
* 왓 프라깨오 사원 : 타이 방콕에 있는 불교 사원. 왕궁에 속해 있으며,
　　　　공식 명칭은 '왓 프라시랏타나삿시다람'이다.

저 불상은 옥으로 만든 불상인데 나라를 지켜 주는 신비한 힘이 있다는 아주 귀한 보물이란다.

그럼 구경해 봐야지~.

안 돼! 거긴 정말 함부로 들어가면 안 되는….

엇!

시암의 왕 라마 4세

너희는 누구지?

죄송합니다, 폐하! 이 아이들은 제 손님 인데….

힉? 폐하?

휴~, 살았다. 큰 벌을 받게 될 줄 알았는데….

어째 걱정이 가득해 보이시네요.

최근에 프랑스와 맺은 조약 때문일 거야. 프랑스가 시암의 속국인 캄보디아를 차지했거든.

지금 이 시암 왕국도 인도차이나 반도에서 세력을 확대하려는 프랑스와 영국 사이에서 위협을 받고 있단다.

중국(청)

미얀마
(버마)

라오스

시암
(타이)

비엣남
(베트남)

캄보디아

코친차이나

■ 19세기 중반의 인도차이나 반도

프랑스령(1867년경)

*시암 : 지금의 타이 왕국을 부르던 옛 이름.

그래서 부처님께 나라를 지킬 수 있게 해 달라고 기도를 드리고 나오는 길이에요.

폐하께서 고민하시는 걸 보면 저도 가슴이 아파요. 애너 선생님, 어떻게 하면 힘센 서양 나라들 틈에서 나라를 지킬 수 있을까요?

출랄롱꼰 왕자
(뒷날의 라마 5세)

아, 왕자님!

왕자님께서 훌륭한 왕이 되어 이 나라를 지키셔야 해요.

저 어린 왕자가 과연 시암을 지켜 낼 수 있을까?

출랄롱꼰 왕자는 라마 4세의 뒤를 이어 왕위에 오르지.

서양 세력과 맞서기 위해선 그들의 장점을 배워야 하오. 그에 따라 나는 많은 것을 개혁하려 하오.

라마 5세

가장 먼저 고칠 것은 왕 앞에서 누구나 엎드려야 하는 관습이오. 엎드리지 말고 모두 일어서시오!

＊라마 5세 : 타이의 방콕 왕조 제5대 왕. 유럽의 문물제도를 도입해 여러 부문에 걸쳐 개혁과 정비를 했고, 근대화 정책을 적극적으로 실시했다.

라마 5세가 개혁 정책을 펴면서 나라를 잘 다스리고 있어.

그런다고 프랑스와 영국의 침입을 막을 수 있을까?

어이쿠! 이게 무슨 소리지?

프랑스의 침공이다. 드디어 올 게 온 거야!

1893년, 프랑스가 타이의 속국인 라오스를 달라고 하자 라마 5세는 요구를 들어 줄 수밖에 없었어.

거봐, 영국과 프랑스 식민지 사이에 있으니 침략을 피할 수 없다고.

아니, 오히려 그 때문에 침략을 피할 수 있었단다.

영국과 프랑스는 서로 타이를 차지하기 위해 싸우기보다, 양측 모두 점령하지 않기로 협정을 맺었거든.

엥? 얘기가 그렇게 되나?

흥! 아는 체를 하려면 뭘 좀 제대로 알고 하셔~.

영국과 프랑스는 맘만 먹으면 언제라도 우리를 침략할 수 있어. 식민지가 되지 않으려면 내가 적극적으로 노력해야 해.

라마 5세가 택한 방법은 외교였지. 그는 1897년, 7개월간 유럽 각국을 방문해 외교를 펼치고 러시아, 독일 황제 등과 만나 친분을 쌓았어.

영국과 프랑스는 우리가 미개하다며 자신들이 근대화를 시키겠다고 하지만, 훌륭한 문명을 지닌 시암은 얼마든지 우리 힘으로 근대화를 이룰 수 있습니다.

독일 황제 빌헬름 2세

그렇군요, 시암이 훌륭하게 근대화를 이뤄 가고 있다는 건 폐하만 봐도 알 수 있겠습니다.

라마 5세는 철도, 전기, 우편 제도를 도입하고 노예 제도를 폐지하는 등 국내의 근대화에 힘썼지.

와, 큰길에 전차가 다니네!

라마 5세는 프랑스와 영국의 계속되는 위협에 주변 영토들을 내주긴 했어도 끝내 독립은 지킬 수 있었어. 그래서 타이는 동남아시아에서 유일하게 식민지가 되지 않았단다.

바람 부는 대로 휘어지지만 결코 꺾이지 않는 대나무처럼 우리 시암도 꺾이지 않으리라!

영국과 프랑스 식민지 사이에서 어부지리를 본 거지, 뭘!

아냐! 독립을 유지하기 위해 외교와 근대화에 힘쓴 덕분이라고!

프랑스의 베트남 침략은 1859년부터 시작됐지. 프랑스는 베트남 남부 지역을 점령하고 계속 세력 확대를 노렸어.

비엣남(베트남)의 수도, 후에 근처의 투언안 해변

우아~ 신난다!

피서가 따로 없구나.

엇? 저건 뭐지?

프랑스 함대란다. 1883년에 마침내 대규모의 프랑스 군대가 투언안 해변에 상륙했지.

전쟁이다, 피하자!

해수욕도 못하게 하필 여기로 몰려온담.

응우옌 왕조를 무너뜨리고 비엣남 전체를 우리 프랑스의 식민지로 만들자.

프랑스 관리관 아르망

프랑스 군대를 당해 낼 수 없었던 응우옌 왕조는 휴전을 요청하고 조약을 맺었지. 이 조약으로 사실상 베트남 전체가 프랑스 식민지가 된단다.

아~! 빼앗긴 들에도 봄은 온다더니 식민지가 됐어도 베트남의 자연은 아름답구나!

어쭈. 제법 시인 같다, 너.

힉? 뭐,
뭐야?

복장을 보니
청나라 군대
같은데 왜
베트남에?

프랑스가 우리 청나라의 속국인 비엣남을
침략했으니 가만있을 수 없지. 그래서
프랑스 군대를 해치우기 위해
매복해 있는 중이다.

또 전쟁이다.
어휴, 편하게 땀 좀
식힐 데가 없구나.

프랑스가 베트남 전체를 점령하자
청나라가 나서서 프랑스와 전쟁을 벌였지.
2년에 걸친 전쟁 끝에 청나라는 결국
프랑스의 베트남 지배를 인정했단다.

베트남이
확실하게
프랑스의
식민지가
되었군.

페하, 프랑스 군대가 이제 왕궁으로 밀려올 것입니다.

침략자들과 끝까지 싸우기 위해선 황제께서 살아 계셔야 합니다. 궁을 버리고 새로운 곳으로 옮기심이….

알겠소. 대신들의 뜻대로 따르겠소.

함응이 황제

청나라에 걸었던 기대마저 무너지자 함응이 황제는 대신들과 함께 산악 지방으로 조정을 옮기고 프랑스의 침략에 맞서 싸울 것을 호소했어.

만백성은 어떤 위험도 피하지 말고 어떤 고난도 견디며 침략자에 맞서 싸우라!

이에 각지에서 의군이 조직돼 프랑스군과 싸웠지. 이를 근왕운동이라고 해.

우리나라 의병 운동과 비슷하네.

1887년에 프랑스는 베트남과 캄보디아를 묶어 인도차이나 연방을 만들고 총독이 다스리게 했지.

사이공에 화려한 총독 관저가 세워졌네.

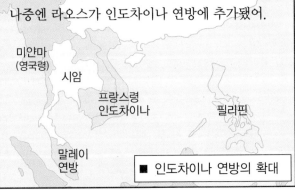

나중엔 라오스가 인도차이나 연방에 추가됐어.

미얀마 (영국령)

시암

프랑스령 인도차이나

필리핀

말레이 연방

■ 인도차이나 연방의 확대

*근왕(勤王) : 임금이나 왕실에 충성을 다하는 것.

베트남에선 온 백성이 근왕운동에 나서 프랑스군과 싸우고 있어. 우리도 돕자.

근왕운동의 근거지는 산악 지방이구나. 에고, 힘들어!

저희도 의군이 되어 프랑스 침략자들과 싸우겠습니다!

휴~, 겨우 다 왔다.

이젠 다 틀렸다. 함응이 황제께서 프랑스군에 붙잡히셨어.

이제 누구를 위해 싸운단 말인가~!

1888년에 함응이 황제가 체포되면서 전국적으로 불타올랐던 근왕운동의 열기는 식을 수밖에 없었지. 하지만 데탐이란 별명으로 더 유명한 호앙호아탐은 베트남 북부에서 끝까지 프랑스에 맞서 싸웠지.

베트남의 전설적인 영웅, 탐 장군님이시죠?

저희도 장군님 밑에서 싸우기 위해 왔습니다!

허허, 영웅은 무슨…. 난 평범한 농민이었어. 나라를 되찾기 위해 농민들과 함께 일어섰을 뿐이지.

호앙호아탐

하지만 프랑스군이 장군이 점령한 지역에서 이기지 못하고 물러난 것은 맞지 않습니까?

판보이쩌우

너희가 정 비엣남을 위해 싸우고 싶다면 나보다 여기 판보이쩌우 동지를 따르는 것이 좋겠구나. 판보이쩌우 동지는 비엣남의 미래를 위해 힘쓰고 있단다.

나 역시 한때는 근왕운동에 나서 싸웠지.

하지만 서양 책을 통해 그들의 사상을 접하면서 조금은 생각이 달라졌어.

서양 사상?

침략자들을 몰아내는 것만큼이나 근대화를 이루는 게 중요하다는 걸 깨달은 거야. 난 일본에 가서 존경하던 양계초 선생과 만났지.

양계초? 어디서 많이 들어 본 이름인데…?

강유위와 함께 변법자강 운동을 이끌었던 사람이잖아.

근대화에 성공한 일본을 본받아야 한다고 생각합니다. 비엣남에서 프랑스를 몰아내기 위해 일본의 힘을 빌리고자 합니다만….

일본을 끌어들이면 일본은 프랑스 대신 비엣남을 차지하려 들 겁니다.

중요한 건 비엣남 국민 스스로 힘을 키우는 것이에요. 신학문 교육을 통해 인재를 양성하는 것 말입니다!

양계초 (량치차오)

양계초 선생의 조언에 따라 난 국민 의식을 일깨우기 위한 책을 쓰고 학생들을 일본으로 유학시키는 데 힘썼다.

越南亡國史

판보이쩌우가 쓴 《월남망국사》는 우리나라에도 전해져 독립운동에 많은 영향을 끼쳤단다.

그런데 탐 장군님은 무슨 일로 방문하신 거죠?

독립을 하려면 무장봉기가 필요하다. 난 탐 장군과 손잡고 대대적인 항쟁을 일으킬 생각이야.

판보이쩌우 선생님의 심부름을 왔습니다. 통킹 의숙의 판쭈찐 선생님께 전하는 편지예요.

그래, 내가 판쭈찐이다.

음, 탐 장군과 판보이쩌우 선생이 무력 항쟁을 준비하고 있구나.

판쭈찐

그런데 통킹이 뭐예요?

통킹은 하노이의 옛 이름이란다. 하노이를 중심으로 베트남 북부를 지금도 통킹이라 하지.

일본의 수도 도쿄(東京)를 말하는 건가요?

꾸욱응으?

통킹 의숙은 일본의 유명한 사립 학교인 게이오 의숙을 본떠 만든 학교이긴 해. 이곳에선 꾸욱응으로 신학문을 가르치고 있지.

＊ 의숙(義塾) : 공익을 위해 의연금을 모아 세운 교육 기관.

139

꾸옥응으는 로마자로 표기한 베트남 어야. 원래 프랑스 선교사들이 만든 것인데 한자보다 배우기 쉬워 적극적으로 보급하고 있지. 베트남 국민 모두가 글을 읽고 쓸 줄 알게 하기 위해서 말야.

國語 QuocNgu
(꾸옥응의)

판보이쩌우와 양계초 선생님의 책들이 꾸옥응으로 번역, 출판돼 있군요.

판보이쩌우 선생의 책들은 통킹 의숙의 중요한 교재로 쓰이고 있지.

난 판보이쩌우 선생을 존경하지만 무장봉기는 반대다. 그보다는 베트남의 근대화가 더 중요하다고 생각해.

그래서 난 출판, 강연을 통해 독립 의식을 높이는 데 힘쓰고 있단다. 난 내 나름의 방식으로 독립 투쟁을 돕겠다고 전해다오.

예, 알겠습니다!

으아아악!

하지만 대대적인 항쟁은 실패하고 투쟁 세력은 대거 체포됐어.

아아, 동지들의 비명을 차마 못 들겠다!

판쭈찐과 판보이쩌우 선생은 무사하실까?

판보이쩌우 선생은 무사하지만
독립운동은 좌절됐지. 통킹 의숙은
폐쇄되고 판쭈찐 선생은
사형을 선고받았대.

!

그럼 우리는
이제 어떻게
되는 거죠?

보나마나 모두
단두대에서
죽게 되겠지.

단두대?

으아,
안 돼~!

철컹

단두대 작동엔
이상이 없나?

그럼 오늘
처형할
죄수들을
데리고 와!

예, 이상
없습니다!

아니? 죄, 죄수들이
모두 어디 갔지?

크, 큰일났다.
죄수들이 하수구
쇠창살을 끊고
달아났어!

휴, 덕분에 살았어요. 고맙습니다.

베트남 독립의 그날까지 투쟁을 계속하자꾸나!

프랑스의 탄압이 심해져서 독립운동도 주춤해졌어.

일단은 먹고 힘내자고.

판보이쩌우 선생이 중국에서 베트남 광복회를 조직했대.

앗, 판보이쩌우 선생이 중국에 계시다고요?

그래. 중국에서 신해혁명이 성공한 것을 보고 중국 혁명 동맹회를 본떠 베트남 광복회를 조직했다는군.

아, 판보이쩌우 선생은 독립 투쟁을 계속하고 계시는구나.

그래, 중국 각지에서 무장 독립운동을 지도하신단다.

하지만 판보이쩌우와 판쭈찐은 모두 프랑스에 체포돼 연금당하거나 다시는 고국에 돌아오지 못했지. 베트남 민족 운동의 빈자리는 새로운 인물들이 차지하게 된단다.

우리가 가야 할 길은 공산주의 혁명뿐이다!

호찌민

필리핀은 교회나 대농장 풍경이 왠지 라틴아메리카의 에스파냐 식민지 분위기네.

필리핀도 에스파냐 식민지니까 그렇지. 맞죠?

그래, 16세기부터 줄곧 에스파냐의 식민 지배를 받아 왔지.

무슨 책인데 뙤약볕 아래서 그렇게 열심히 봐요?

만화책인가 보다, 만화책!

《나에게 손대지 마라》 라는 호세 리살 선생의 소설이란다.

무슨 내용인데요?

'이바라'라는 청년이 유럽 유학을 마치고 고향을 계몽하겠다는 꿈을 안고 돌아오지만 마을의 지배자인 수도사의 횡포에 결국 좌절한다는 내용이야. 지금 필리핀의 어두운 현실 그대로야.

주인공 이바라는 호세 리살 선생 자신이나 다름없어. 선생도 유럽에서 유학을 하며 식민지 필리핀 사람들이 겪는 고통을 알리려 애썼거든.

호세 리살

안 그래도 그를 눈엣가시같이 여기던 에스파냐는 그가 귀국해 필리핀 연맹을 만들자 체포해 귀양을 보냈지.

그만큼 호세 리살을 두려워한 거군요. 한번 만나 보고 싶다.

날 만나고 싶어 찾아왔다고?

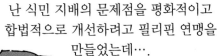

예, 호세 리살 선생님이시죠? 필리핀 연맹을 만든 것 때문에 귀양살이를 하신다던데….

난 식민 지배의 문제점을 평화적이고 합법적으로 개선하려고 필리핀 연맹을 만들었는데….

무장 투쟁을 한 것도 아닌데 귀양까지….

괜찮아. 어차피 난 동포들의 교육을 위해 돌아온 거니까.

내가 바라는 건 필리핀 사람도 에스파냐 사람과 똑같은 자유와 권리를 갖는 거란다.

하지만 호세 리살이 체포되자 무장 혁명을 외치는 사람들이 카티푸난이라는 비밀 혁명 단체를 조직했지.

독립을 얻는 길은 무장 혁명밖에 없다. 카티푸난 동지들은 모두 피로 맹세를 하라!

1896년에 카티푸난이 봉기하자 에스파냐는 곧바로 그에 관련돼 있다는 혐의로 호세 리살을 감옥에 가두고 사형을 선고했어.

말도 안 돼!

호세 리살은 무장 투쟁엔 반대한 사람인데!

144

＊카티푸난 : 에스파냐로부터 독립을 위해 1892년에 보니파시오가 설립한 민족주의 단체. 회원수는 최대 40만 명에 이르렀다.

호세 리살이
처형되기 전날 쓴 시는
지금도 많은 사람들에게
감동을 주고 있단다.

내 마지막 인사

－호세 리살

안녕, 내 사랑하는 나라, 태양이 감싸던 곳,
동쪽 바다의 진주, 우리의 잃어버린 에덴이여.
슬프고 억눌린 내 목숨을 기꺼이 그대에게 드리리.
더 빛나고 신선한 목숨이었다 해도
그대를 위해서라면 나는 기꺼이 드렸으리라….
(하략)

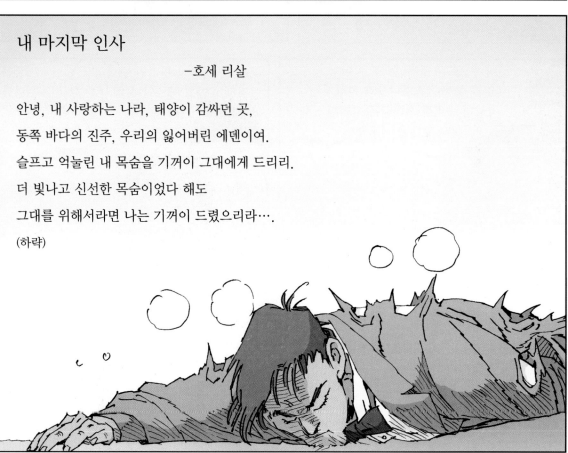

카티푸난이 일으킨 혁명은 2년에 걸쳐 계속됐지만 혁명군의 내분으로 지도자 보니파시오가 처형되고,

그 뒤를 이은 아기날도가 홍콩으로 떠나면서 중단됐어.

중단됐다면 완전히 끝난 건 아니란 얘긴가요?

1898년에 미국이 에스파냐와 전쟁을 벌이면서 다시 일어났지.

맞다! 9권에서 미국이 메인호 사건을 빌미로 쿠바와 필리핀에서 에스파냐랑 싸웠지.

미국이 쿠바를 차지하려고 혈안이 됐었지!

아기날도는 필리핀으로 돌아와 미군과 함께 에스파냐군과 싸웠지. 마침내 승리한 혁명군은 필리핀 공화국의 수립을 선포했어.

독립 만세! 필리핀 공화국 만세~!

뭐라고? 미국이 필리핀 공화국을 인정하지 않고 에스파냐 대신 필리핀을 통치하겠다고?

미국은 우리를 도운 친구인 줄 알았는데….

이제 미국은 우리의 적이다! 싸워서 물리치자!

필리핀과 미국의 전쟁은 3년 만에 미국의 승리로 끝났지. 하지만 그 후로도 무장 투쟁은 계속됐고, 그 과정에서 수많은 필리핀 사람들이 목숨을 잃었단다.

▲ **근대화를 추진한 시암의 두 왕**
라마 4세와 뒷날 라마 5세가 된 출랄롱콘 왕자.

▲ **영화 〈왕과 나〉**
라마 4세와 영어 가정 교사 애너의 궁 생활을 바탕으로 제작된 뮤지컬, 영화, 소설은 세계인의 사랑을 받고 있다.

• 시암의 독립 유지 비결

19세기 중반 동남아시아는 대부분 유럽의 식민지가 되었습니다. 그중 유일하게 식민지를 면하고 독립을 유지한 나라가 바로 타이(시암)입니다. 타이가 그럴 수 있었던 것은 현명한 두 왕이 근대화와 외교 정책에서 성공을 거두었기 때문입니다.

라마 4세는 처음 근대화를 추진했고, 그의 아들 라마 5세는 적극적으로 근대화 정책을 실시했습니다. 행정, 사법, 철도, 우편 등 여러 분야에서 유럽의 문물을 받아들이고 내정 개혁을 단행했습니다. 또한 열강들과 평화적인 외교 관계를 유지해 영국과 프랑스 사이에서 중립을 보장받았습니다. 인도에서 동쪽으로 진출하던 영국과, 베트남에서 서쪽으로 진출하던 프랑스는 서로 완충지대가 필요했기 때문에 타이는 이러한 주변 정세를 충분히 활용해 독립을 유지할 수 있었습니다.

• 프랑스의 인도차이나 지배

인도에 대한 주도권을 놓고 벌인 플라시 전투에서 영국에게 패하자 프랑스는 인도차이나 반도로 진출 방향을 바꾸었습니다. 인도차이나 반도는 지금의 베트남, 라오스, 캄보디아, 미얀마, 타이 등이 속해 있는 땅입니다.

▲ **프랑스령 인도차이나 연방의 깃발**
프랑스령 인도차이나 연방은 1887년부터 1953년까지 베트남, 라오스, 캄보디아 지방에 있었던 프랑스의 식민지이다.

▲ **호치민 시 우체국**
병원, 역, 학교 등 도시 곳곳에 남아 있는 유럽풍의 건물들은 약 60년 동안 겪었던 식민지 시대의 흔적이다.

▲ **인도차이나 은화**
서구 열강들은 식민 경영을 위해 은화를 찍어 냈는데, 프랑스도 1885년부터 프랑스령 인도차이나의 은화를 만들었다.

향료를 구하기 위해 동남아시아를 찾았던 유럽 열강은 점차 이들을 집어삼키려는 욕심을 드러냈다. 이들은 서로 견제하며 동남아시아를 나눠 가졌다.

프랑스는 17세기부터 베트남에서 선교 활동을 시작했고, 19세기 초에는 선교사들이 응우옌 왕조의 건국을 도우면서 밀접한 관계를 맺었습니다. 하지만 베트남이 프랑스의 통상 요구를 거절하고 선교사와 상인을 탄압하자, 군대를 보내 무력으로 사이공 조약을 체결하고 선교와 통상을 보장받았지요.

이어 베트남 지배권을 주장하는 청나라와 전쟁을 벌여 승리하고, 캄보디아와 라오스마저 손에 넣어 인도차이나 연방을 수립했습니다. 이 프랑스령 인도차이나 연방은 제2차 세계 대전으로 일본에 점령될 때까지 지속되었습니다.

▲ 동남아시아의 식민지화
19세기 후반 동남아시아 지역은 대부분 유럽 열강의 식민지로 전락하고 말았다.

● 동남아시아 각국의 민족 운동

19세기 후반까지 타이를 제외한 동남아시아 각국이 서양 열강의 식민지가 되면서 각국에서는 민족 의식이 성장하고 독립과 근대화의 필요성을 절감하게 되었습니다. 그리하여 지식인과 종교인을 중심으로 민족 운동이 전개되었습니다.

베트남에서는 판보이쩌우의 주도로 유신회와 광복회가 결성되어 반프랑스 운동을 벌였고, 필리핀에서는 호세 리살을 중심으로 필리핀 연맹이 조직되어 반에스파냐 민족 운동을 전개했습니다. 미얀마에서는 아웅 산이 영국과의 협상을 통해 독립을 이끌어 냈고, 인도네시아에서는 이슬람 연맹이 결성돼 이슬람 사회의 수호를 요구하며 반네덜란드 운동을 펼쳤습니다.

■ 인도차이나 반도

아시아의 남동쪽에 있는 반도이다. 인도의 동쪽, 중국의 남쪽에 자리잡고 있어 두 문화의 영향을 크게 받았다. 타이를 제외한 인도차이나 지역의 나라들은 유럽 열강 중의 하나인 영국, 프랑스의 식민지였다가 1948년에서 1954년 사이에 독립했다.

▲ 필리핀의 호세 리살
소설가이자 시인. 필리핀 혁명과 필리핀 민족주의의 사상적인 기반을 이루었다.

▲ 인도네시아의 카르티니
사후에 출간된 서한집 〈어둠에서 빛으로〉는 민족주의, 여성 운동, 교육 운동을 촉발했다.

▲ 베트남의 판보이쩌우
반프랑스 단체인 베트남 유신회와 광복회 등을 결성해 독립운동을 이끌었다.

▲ 미얀마의 아웅 산
영국과 협상을 통해 미얀마의 독립을 이끌어 내는 데 결정적인 역할을 한 정치가이자 군인.

7. 서아시아에 부는 독립의 열풍

아시아, 아프리카, 유럽에 걸친 대제국을 세울 만큼 강성했던 오스만 제국은
유럽 국가들에게 가장 큰 위협이었다. 그러나 유럽 국가들이 신항로 개척과
산업 혁명 등을 통해 발전하는 동안 오스만 제국은 쇠퇴하여 도리어 유럽 세력의
위협을 받게 되었다. 한편 프랑스의 나폴레옹은 1798년 이집트 원정에 나섰다.
십자군 전쟁 이후 500여 년 만에 유럽 세력이 다시 이슬람 세계를 침략한 것이다.

진격하라! 이집트의 4천 년 역사가 피라미드 위에서 제군들을 내려다보고 있다!

나폴레옹이 침략했을 때 이집트는 오스만 제국의 지배를 받고 있었어. 하지만 사실상 통치는 맘루크 왕조가 맡고 있었지.

맘루크 군대는 프랑스군한테 상대도 안 되네.

어련하겠어? 유럽도 휩쓴 나폴레옹의 군대인데.

이집트 인들이여, 나는 침략자가 아니라 해방자이다! 나는 여러분을 오스만 제국과 맘루크의 지배로부터 해방시켜 주러 온 것이다!

나는 또한 이슬람교를 탄압하지 않을 것이다.

어째 환영하는 분위기네?

이집트 인들은 맘루크의 가혹한 통치에 불만이 많았거든.

152   ＊맘루크 왕조 : 13~16세기에 걸쳐 이집트 지역에 성립되었던 왕조이다. 군사를 담당했던 노예인 맘루크가 세운 왕조로, 무슬림을 기반으로 하고 있었으며 오스만 제국에 의해 멸망했다.

그럼 이집트는 이대로 프랑스의 차지가 될까?

영국이 가만있을 리 없잖아. 이집트는 영국과 인도를 잇는 중요한 길목인데.

우리가 찾던 프랑스 함대가 저기 있다. 공격하라!!

영국의 넬슨 제독

나일 강 하구

봐, 내 말이 맞지? 영국이 가만있지 않을 거랬잖아!

프랑스는 바다에선 영국 해군에게 패하고, 육지에선 오스만 제국 군대와 힘겨운 싸움을 해야 했어.

나폴레옹은 결국 원정을 포기하고 프랑스로 돌아갔지.

오스만 제국을 거쳐 인도까지 점령해 알렉산드로스 대왕이 못다 이룬 꿈을 이루려 했건만….

이집트에서 민중 운동이 일어났어!

맘루크의 통치를 거부한다!

맘루크 통치자들을 몰아내자!

프랑스가 이집트에서 물러난 뒤 이집트를 지배해 온 맘루크의 세력은 크게 약해졌지.

그래서 맘루크의 통치에 반감을 갖던 이집트 인들이 들고 일어난 거구나!

무함마드 알리다!

무함마드 알리!

무함마드 알리

무함마드 알리? 저분이 누군데요?

오스만 제국 군대의 장군으로 프랑스군을 물리치는 데 큰 공을 세운 분이셔!

무함마드 알리를 이집트 총독으로!

무함마드 알리를 이집트 총독으로!

이 민중 운동은 프랑스 점령기에 프랑스 혁명의 영향을 받아서 일어난 게 아닐까요?

뭐라고?

왜 그렇게 놀라?

네 입에서 그런 날카로운 분석이 나오다니 정말 놀라워!

허허, 그래. 그 영향도 있지. 결국 오스만 제국은 민중이 지지하는 무함마드 알리를 이집트 총독에 임명했단다.

154

*무함마드 알리 : 오스만 제국의 이집트 총독으로, 오스만 제국에서 독립한 뒤 이집트 왕국이라는 독자적인 왕조를 세워 지금의 이집트와 수단을 통치했다.

세금 제도를 정비해 국가 수입을 늘리고 그것을 산업 발전을 위해 쓰세요. 신식 학교를 세워 우수한 인재도 양성하고요.

예, 동탁 파샤!

이런 말 하긴 싫지만 대단하다, 동탁아. 외국인 고문이 되어 이집트의 근대화를 추진하다니!

지금껏 아시아의 근대화 과정을 체험하며 쌓은 노하우가 있는데 이 정도쯤이야.

그대들 덕분에 이집트의 국력이 나날이 커지고 있네!

별말씀을. 총독께서 이집트의 근대화를 위해 애쓰신 덕분이지요.

그런데 문제가 생겼어. 오스만 제국의 술탄이 내게 아라비아 반도의 반란 세력을 진압하라는 지시를 내렸네. 반란 세력도 꺾고 내 힘도 빼놓겠다는 생각이겠지.

아직은 오스만 제국에 맞설 수 없으니 지시를 따라야겠지만, 내가 이집트를 비우면 맘루크들이 반란을 일으킬까 봐 걱정이야.

글쎄요, 그 문제는 저로서도 어떻게 해야 할지….

내 생각엔 말일세….

예?

*파샤 : 오스만 제국에서 장군이나 높은 관리에게 붙이는 존칭.

어떤가?

그, 그건 좀….
물론 그게 가장
확실한 방법일 것
같긴 한데….

그래, 그게 가장
확실한 방법이야…!

술탄의 명으로 아라비아
원정을 떠나게 되었소.
내가 없는 동안 여러분이
이집트를 잘 지켜 주기
바라오.

허허, 총독께서
우리 맘루크들을
초대해 연회를
베풀어 주시다니….

무사히 아라비아
원정을 다녀오시길
빌겠습니다.

자, 마음껏
드시오.

총독께서 생각한 방법이
맘루크들에게 한턱 쓰는
거였구나. 그래, 먹을 걸로
달래는 게 최고지.

야, 야!
그만 먹고
나가자.

무슨 소리야, 난 아직
시작도 안 했는데.

아야!

먹는 것 좀
그만 밝혀,
이 바보야!

타탕, 탕탕….

하하하!

아아, 맘루크들을 모두 죽이려고 초대한 거였어…!

이제 알겠냐?

무함마드 알리는 맘루크들을 몰살해 버렸지. 그로써 국내 정권을 안정시키고 아라비아 반도 원정에 편히 나설 수 있었어.

난 이제 정치가 무서워졌어….

이런 말 자꾸 하긴 싫지만 대단하다, 동탁아. 높은 벼슬을 헌신짝처럼 버리고 떠나다니.

어디 평화롭고 조용한 곳에 가서 머리 좀 식히고 싶다.

그럼 오랜만에 그리스나 가 볼까?

이런, 그리스에서도 오스만 제국에 대항해서 전쟁이 일어났네!

10권에서 배운 그리스 독립 전쟁이야. 맞죠?

그래, 유럽을 휩쓴 민족주의 열풍 덕분에 그리스에서도 독립 전쟁이 일어났지.

유럽 세력이 그리스 독립군을 지원했기 때문에 오스만 군대는 고전했어.

아니, 이게 누군가? 동탁 파샤!

어? 그런데 그리스 독립군이 패했는데요?

앗? 무함마드 알리 총독의 아드님인 이브라힘 파샤!

어쩐지 강하다 했더니 이집트 군대였군요.

그리스 독립군을 진압해 달라는 오스만 술탄의 요청으로 내가 군대를 이끌고 왔다네.

우리는 근대화 개혁을 통해 국력을 키워 밖으로 세력을 뻗치고 있네. 이집트의 영토는 크게 확장됐어.

이번 원정으로 더 많은 영토를 얻게 될 걸세. 하하!

이집트가 아주 부강해지는구나….

너 설마 벼슬을 박차고 떠난 걸 후회하는 거냐?

가만…, 근데 10권에선 분명 그리스가 독립을 얻었던 것 같은데…?

무슨 소리야, 그럼 우리 이집트 군대가 그리스 독립군에게 진다는 거냐?

우리 이집트…?

이집트의 참전으로 그리스 독립군이 위기에 처하자 유럽 세력이 직접 전쟁에 뛰어들었단다.

결국 오스만 제국과 이집트 군대는 연합군에 대패했고 그리스는 독립을 얻었어.

그런데 이를 계기로 무함마드 알리는 지배국인 오스만 제국에 정면으로 도전하게 된단다.

오스만 제국의 술탄은 그리스 독립 전쟁에 참전한 대가로 시리아를 주겠다는 약속을 지키지 않았다. 힘으로 빼앗으리라!

이집트는 시리아를 점령하고 오스만 제국을 궁지로 몰아넣었어. 그러자 이집트가 오스만 제국을 무너뜨리는 걸 원치 않았던 유럽 세력이 전쟁에 개입했지.

어휴, 그리스 독립 전쟁 때도 그러더니 또!

유럽 연합군의 침공에 시리아를 잃었습니다. 우리가 차지한 오스만 제국의 영토를 모두 돌려주라는 그들의 요구를 받아들일 수밖에 없을 것 같습니다….

….

오스만 제국을 대신할 강력한 이슬람 제국을 세우려던 내 야망이 이렇게 무너지는가…!

결국 무함마드 알리는 이집트와 수단 외의 모든 영토를 오스만 제국에 반환하고 통치권 세습만 보장받았지.

그럼 이집트는 사실상 오스만 제국에서 독립해 왕국이 된 셈이네요.

이집트의 민족 운동을 일으키고 독립 국가로 만든 무함마드 알리는 지금도 이집트 인에게 존경을 받고 있단다. 그는 자신의 이름을 딴 모스크에 잠들어 있지.

무함마드 알리 모스크
(카이로 시타델)

그리스가 독립하고, 이집트도 사실상 분리되고, 한때 강성했던 오스만 제국도 쇠퇴해 가는구나….

어? 그런데 오스만 제국의 수도 이스탄불에 웬 유럽식 건물이…?

압둘 마지드 술탄께서 세운 돌마바흐체 궁전이란다.

미드하트 파샤

궁전이오? 왜 궁전을 유럽식으로 지은 거죠?

전에는 우리가 유럽에 앞서 있었지만, 그들과 싸워 보니 과학, 기술, 군대 등이 오히려 뒤처져 있다는 것을 알게 되었다.

우리는 이제 발달된 유럽의 문명과 제도를 본받기 위해 노력하고 있다.

하지만 크리스트교 세계를 본받자고 하면 독실한 신앙의 무슬림들이 좋아하지 않을 텐데….

그래, 특히 정예군인 예니체리 집단이 가장 강하게 반발했지. 그러자 마흐무드 2세께선 예니체리를 해체하는 등 개혁의 기초를 닦았고, 뒤를 이은 압둘 마지드께선 1839년에 탄지마트(은혜 개혁) 정책을 공식적으로 선포했어.

오스만 제국의 신민은 민족, 종교에 관계없이 평등하다! 누구나 생명과 재산을 보호받을 권리를 지니며 납세와 국방의 의무를 갖는다!

압둘 마지드

*예니체리 : '새로운 군대'라는 뜻으로, 오스만 제국 술탄의 친위 부대이다. 전쟁 포로나 크리스트교 가정의 소년들을 데려다 구성했다. 이들은 이슬람교로 개종하고 혹독한 군사 훈련을 받은 뒤 예니체리가 되었다.

탄지마트는 행정, 군사, 교육 등 전반적인 제도를 유럽식으로 바꾸는 대대적인 개혁 정책이었지.

그치만 개혁이 별 효과는 없었나 보네요. 이집트군에 패해 멸망 위기까지 몰렸던 걸 보면…

야, 야! 왜 그런 얘길…

그건 사실이야. 탄지마트는 사실상 실패했다고 봐야지.

보수 세력의 반발이 심했고, 유럽 열강의 간섭도 컸거든.

저런, 개혁 정책을 제대로 펴 나가기에는 제국 안팎의 상황이 너무 혼란했군요.

오스만 제국이 무너지는 걸 막기 위해선 더욱 강력한 개혁이 필요해…!

새로 즉위한 압둘 하미드 술탄께서 헌법을 반포했다!

이제 우리 오스만 제국도 입헌 군주국이 됐어!

＊입헌 군주국(立憲君主國) : 군주가 헌법에서 정한 제한된 권력을 가지고 다스리는 나라.

163

＊전제 정치(專制政治): 국가 권력을 개인이 장악해 국민의 뜻이나 법률에 제약을 받지 않고 실시하는 정치.

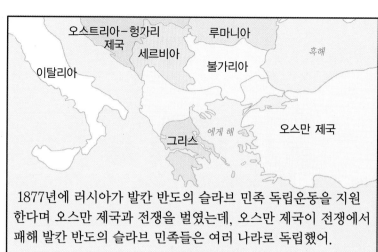

오스트리아–헝가리
제국
세르비아
루마니아
이탈리아
불가리아
흑해
오스만 제국
그리스
에게 해

1877년에 러시아가 발칸 반도의 슬라브 민족 독립운동을 지원한다며 오스만 제국과 전쟁을 벌였는데, 오스만 제국이 전쟁에서 패해 발칸 반도의 슬라브 민족들은 여러 나라로 독립했어.

압둘 하미드 술탄은 전쟁을 틈타 미드하트 파샤를 유배시키고 입헌 군주제를 폐지했지.

의회는 필요없다! 제국의 통치권은 오로지 술탄의 것이다!

왜요? 압둘 하미드 술탄도 입헌 군주제에 찬성했잖아요?

하지만 막상 실시해 보니 술탄의 권한이 너무 없어서 불만을 가졌던 거지.

압둘 하미드는 개혁에 반대했던 보수 세력과 결합해 다시 전제 정치를 폈어. 자유와 개혁에 대한 열망을 철저히 억압한 거야.

하지만 1889년에 유럽식 교육을 받은 사관 학교 청년들을 중심으로 청년 튀르크당이 결성되었고, 이들은 입헌 군주제 부활을 목적으로 비밀리에 세력을 키워 갔어.

＊사관 학교(士官學校) : 육·해·공군의 장교를 길러 내는 4년제 군사 학교.

우리는
입헌 군주제를
원한다!

술탄은 독재를
중지하고 의회를
다시 열라!

청년 튀르크당이
드디어 혁명을
일으켰어!

민주화의 물결이
마침내 독재의 둑을
무너뜨리고 거세게
흘러넘치는도다~!

군대가 중심이 된
혁명이니 술탄도 굴복할
수밖에 없었지.

혁명군이 황실
근위병들을
체포하고
있어.

마흐무드 5세가 새 술탄이 됐대.

하지만 마흐무드
5세는 꼭두각시일 뿐,
실질적인 권력은
청년 튀르크당의
지도자인 엔베르
파샤가 차지했단다.

엔베르 파샤는 빠른 속도로
발전해 유럽의 새로운
강국으로 떠오른 독일을
동경했어. 그래서 독일 군사
전문가를 초빙해 군대 개혁을
맡기는 등 독일과의 유대를
강화했지.

우리 오스만이
다시 강해지기
위해선 독일을
본받아야
한다.

앞선 강국인 영국,
프랑스에 맞서기
위해 오스만과
힘을 합쳐야지.

166

*엔베르 파샤 : 청년 튀르크당의 지도자로 혁명을 성공시키고 제1차 세계 대전 때
오스만이 독일 편에서 참전하도록 이끌었다.

독일 편을 들어 전쟁에 참여하겠다니, 그건 안 될 말이오!

그렇지 않소. 독일을 도와 전쟁에서 승리하면,

빼앗긴 우리 영토를 단번에 되찾을 수 있단 말이오.

하지만 만일 패한다면 그때는….

여러분이 반대해도 소용없소. 이미 우리 해군이 흑해의 러시아 함대를 공격했소이다!

결국 오스만 제국은 독일 편을 들어 제1차 세계 대전에 참전했지. 하지만 결과는 패배였어. 그로 인해 엔베르 파샤뿐 아니라 오스만 제국도 최후를 맞게 된단다.

아이고, 뜨거워….

물…, 물…!

아…, 난 더 이상 못 가겠어…!

힘내. 그래도 퀘스트는 풀어야지. 아라비아 반도의 나라들이 지금처럼 단순한 국경선을 가지게 된 이유를 알아보렴.

어서 일어나. 이대로 까치네한테 져도 좋아?

그럴 순 없지. 그럼 이렇게 하자….

어휴, 나도 힘들어 죽겠는데….

힘내. 이대로 까치네한테 질 순 없잖아?

퀘스트**30** 아라비아 반도의 나라들이 지금처럼 단순한 국경선을 가지게 된 이유는?

앗, 사람이다!

아저씨, 물 좀 나눠 주세요! 친구가 다 죽어 가요~!

저런, 어린아이들이 어쩌다 사막을 헤매게 됐느냐?

퀘스트 때문이죠, 뭐. 그러는 아저씨는 왜 혼자서 사막을 여행하고 계세요?

빨리 먹고 나도 좀 줘~!

꿀꺽 꿀꺽

내 이름은 로렌스, 영국군 장교야. 난 특별한 임무를 띠고 이곳에 왔지.

특별한 임무란 뭐예요?

우씨, 다 마셨잖아!

168

＊아랍 인 : 아랍 어를 고유 언어로 쓰는 여러 민족. 아라비아 인이라고도 부른다. 서아시아와 북아프리카에 분포하고 대부분이 무슬림이다.

오스만 제국에서 독립하려는 아랍 인을 도와 반란을 일으키는 거야. 우리 영국 입장에선 독일 편을 든 오스만이 곱게 보일 리가 없으니까.

퀘스트를 풀려면….

이 아저씨를 따라가야 할 것 같지?

아라비아 반도의 아랍 인들은 이미 18세기부터 와하브 운동을 펼치며 오스만 제국으로부터 독립하려고 했단다.

와하브 운동이오?

이슬람 사회가 타락했다며 초기의 순수한 이슬람으로 돌아갈 것을 주장한 압둘 와하브의 이름을 딴 운동이야. 아랍의 명문인 사우드 가문은 이 와하브 운동을 아라비아 반도 전체로 퍼뜨렸지.

하지만 사우드 가문의 세력이 커지자 위협을 느낀 오스만 제국은 속국인 이집트의 무함마드 알리에게 와하브 세력을 진압하게 했어.

아하, 무함마드 알리 총독이 아라비아 반도에 왔던 건….

와하브 운동을 진압하라는 명령을 빌었기 때문이구나!

■ 아라비아 반도 : 아시아와 아프리카를 잇는 반도로 대부분이 사막이다. 16세기 무렵부터 오스만 제국의 지배를 받았고, 18세기부터 독립운동이 일어났다. 지금은 바레인, 사우디아라비아, 아랍에미리트, 예멘, 오만, 카타르, 쿠웨이트로 나뉘어져 있다.

와하브 운동은 점차 아랍 민족주의 운동으로 발전했단다. 내가 할 일은 아랍 인들의 독립 열망에 불을 붙이는 것이지.

영국이 우리 아랍 인의 독립을 돕겠다고?

아랍의 정치 지도자 파이살 후세인

그렇습니다, 하심 가문의 파이살 왕자님. 영국은 아랍의 독립을 약속합니다.

먼저 아카바의 오스만군 요새로 진격하십시오.

아카바까지 무슨 수로 간단 말인가? 우리에겐 배도 없는데.

배는 필요없습니다. 사막을 건너가면 됩니다.

170

＊아카바 : 요르단 남부에 있는 유일한 항구 도시.

정말 사막을 건너갈 수 있을까요…?

아랍인들조차 무리라고 하던데….

오스만군도 우리가 사막을 건너올 거라곤 생각도 못하겠지. 그러니까 이 작전은 반드시 성공한다.

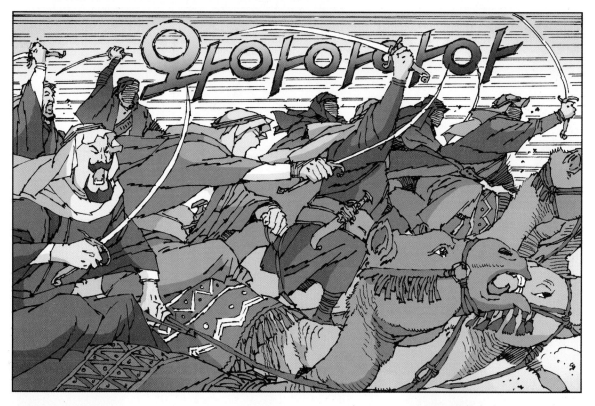

와아아아아

해안 쪽만 방비하고 있었는데…!

크헉! 사막을 건너올 줄이야!

아카바를 점령했다!

우리가 이겼다!

로렌스, 당신에겐 신의 가호가 있는 게 분명해! 우린 불가능한 일을 해냈소!

이건 시작일 뿐입니다. 우리의 목표는 다마스쿠스요!

와아아아

마침내 우리는 다마스쿠스를 차지했다. 이곳을 수도로 삼아 새로운 아랍 왕국을 세우자.

이제 와서 아랍의 독립을 인정할 수 없다니오? 분명 영국은 아랍의 독립을 돕겠다고 하지 않았습니까?

안됐지만 프랑스와 영국은 이미 아랍 분할 계획에 합의했소.

아랍에선 석유라는 귀한 자원이 나고 있어요. 그런 땅을 거저 내줄 수는 없는 일 아니겠소?

거저라니오? 그들은 목숨 바쳐 싸워 승리를 얻어 낸 겁니다!

음…!

172

＊다마스쿠스 : 시리아 아랍 공화국의 수도. 서기전 2000년 무렵에 세워진 세계에서 가장 오래된 도시의 하나이다.

우리 영국의 지원이 없었다면 불가능한 일이었네. 승리의 주역인 자네가 바로 영국군이 아닌가.

…!

아닙니다…, 저는 영국군 장교 로렌스가 아니라 아라비아의 로렌스입니다.

영국은 결국 아랍 인들과의 약속을 저버리고 전쟁 후에 아라비아 반도를 프랑스와 나눠 가졌지. 그러곤 아랍 인들의 불만을 달래려고 이라크와 트란스요르단이란 나라를 새로 만들어 하심 가문의 파이살 형제를 왕으로 삼았단다.

어떻게 그럴 수가!

아랍 인들을 이용만 해먹은 거잖아!

오스만 제국(터키)

페르시아 (이란)

시리아 (1920)

이라크 (1918)

트란스요르단 (1918)

이집트 왕국 (1922)

사우디 아라비아 (1922)

■ 아랍 분할

프랑스 위임 통치령
영국 위임 통치령

결국 아라비아 반도 나라들의 국경선이 단순한 건 영국과 프랑스가 멋대로 선을 그어 나눠 가졌기 때문이군요.

그리고 사우드 가문은 후에 사우디아라비아를 세우게 되지.

사우디 아라비아는 사우드 가문의 아라비아란 뜻이었구나.

앗, 사람이다!

물~! 물 좀 주세요!

!

■ 아라비아의 로렌스 : 데이비드 린 감독의 영화로, 1914년 7월 28일 오스트리아의 선전 포고를 시작으로 독일·오스트리아·터키(오스만 제국) 동맹국과 영국·프랑스·러시아 연합국 간의 전쟁 당시 중동 지역을 배경으로 그린 영화다.

엉?
동탁아, 두산아!

아니, 너희는
어쩌다 그런 험한
꼴이 된 거야?

퀘스트 풀려고
아라비아 반도를
헤매고
다닌
탓이지
뭐!

그럼
아직 퀘스트를
못 풀었단
얘기!

우리가
이겼다!

너희는 벌써
풀었어?

그래, 우린 일찌감치
로렌스 아저씨를 만나
따라다녔지롱~!

그럼 이번 체험에선
동탁이네가 이겼구나.

우씨~ 우린
죽어라 고생만
하고!

고생도 했지만,
이번 체험에서
유럽 열강의
침략에
고통당하는
아시아를
보고 가슴
아팠어.

그래.
난 그동안
잘사는 유럽
선진국이
부러웠는데
이제
생각이
바뀌었어.

그들이 잘살게
된 건 남의 나라를
침략해서 착취했기
때문이야.
식민지는 그만큼
빼앗겼으니까
후진국이 됐던
거고.

맞아. 힘세고
똑똑하다고
남을 못살게
구는 건 아주
나쁜 일이야.

왜 나를 보고
그런 얘길….

그런 깨달음을 얻은
것만으로도 세계사
공부를 잘했다고 할 수
있겠구나.

하지만
제국주의
열강의
욕심은
끝이
없었죠.

제1차 세계 대전은 그런 제국주의 열강의 다툼이 마침내 거대한 전쟁으로 터져 나온 것이었어요.

아, 오아시스다! 그야말로 사막의 오아시스!

우아, 고생 끝에 낙이 온다더니~!

잘됐다. 푹 쉬었다 가자.

쳇, 고생 끝에 낙이 오면 뭐해? 그 다음엔 또 고생이 올 텐데. 다음 권엔 본격적으로 제1차 세계 대전을 체험할 테니 고생길이 훤하다, 훤해.

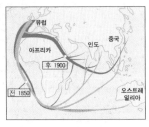

▲ 수에즈 운하 개통 전후 무역로의 변화
유럽에서 인도로 가는 항로는 수에즈 운하가 개통되면서 아프리카 남단의 희망봉을 경유하지 않아도 되었다.

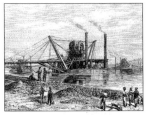

▲ 건설 중인 수에즈 운하
위쪽 지중해와 아래쪽 홍해를 연결하는 수에즈 운하는 160여 킬로미터로 세계에서 가장 긴 운하이다.

● 지중해와 홍해를 잇는 수에즈 운하

고대부터 사람들은 아시아와 아프리카 두 대륙의 경계에 있는 수에즈 지협에 운하를 만들면 교통과 무역 발달에 큰 도움이 될 것이라고 생각했습니다.

1859년, 프랑스 외교관 레셉스가 운하 개발을 착안해 이집트를 설득하면서 공사가 시작되었고, 10년 만에 완성되었습니다. 이로써 유럽~인도 항로는 1만 킬로미터나 단축됐고, 항해 기간은 3분의 1로 줄었지요. 그러나 엄청난 공사비로 이집트의 재정이 곤란해지자 영국이 수에즈 운하 회사의 주식을 사들여 운영권을 가지면서 이집트는 내정 간섭을 받게 되었습니다.

이후 이집트가 운하를 되찾은 것은 1956년 이집트 대통령 나세르가 국유화를 선언한 뒤부터였습니다. 오늘날은 유럽에서 유통되는 대부분의 석유가 이곳을 통해 운반되고 있고, 이집트는 이 운하의 통행료로 막대한 돈을 벌어들이고 있습니다.

● 와하브 운동이 불러온 아랍 민족주의

18세기 중엽 아라비아 반도에서 압둘 와하브는 변질된 이슬람교를 비판하고 쿠란의 순수한 가르침대로 살자는 종교 운동을 일으켰습니다. 이것이 와하브 운동입니다. 와하브 운동은 오

▲ 수에즈 운하 개통식
1869년 10월, 유럽의 거의 모든 왕가의 대표들이 운하의 개통을 기념하는 자리에 참석했다.

▲ 수에즈 운하를 통과하는 배
수에즈 운하는 주변에서 생산되는 석유의 수송량이 많아, 2007년에는 18,000여 척의 배가 통과하는 등 이용량이 증가하고 있다.

▲ 페르디낭 마리 드 레셉스
프랑스의 외교관으로 운하 개발을 착안하고, 공사를 감독해 수에즈 운하를 완공했다.

스만 제국의 지배에 저항하는 주변 아랍 민족들에게 영향을 주어 민족적 자각을 일깨우고, 아랍 여러 나라의 독립운동에 정신적 바탕을 제공했습니다.

특히 이 운동은 아라비아의 호족 사우드 가의 호응을 받아 오스만 제국의 지배에 저항하는 운동으로 발전했고, 리야드에 수도를 둔 와하브 왕국의 건설로 이어졌습니다. 와하브 왕국은 19세기 초 오스만 제국의 요청을 받은 이집트에게 멸망당했지만 1932년 사우드 가의 이븐 사우드가 사우디아라비아 왕국을 건설하며 부활했습니다.

• 담배를 피우지 맙시다!

18세기 말 페르시아의 카자르 왕조는 현재의 이란 지역을 재통일하고 아프가니스탄까지 영역을 확대할 정도로 번성했습니다. 그러나 남하 정책을 펴는 러시아와 인도를 지키려는 영국의 대립 속에서 계속 나라의 이권을 빼앗겼습니다.

1891년에는 페르시아 정부가 영국의 압력에 굴복해 담배 제조와 판매의 독점권을 허가했는데, 이때 상인과 이슬람 지도자들을 중심으로 반대 운동이 일어났습니다. 이슬람 혁명가 아프가니는 담배 불매 운동을 벌여 영국으로부터 담배 이권을 지켜냈지요. 그러나 왕실의 부패에 실망한 민중은 이를 계기로 입헌 운동을 전개해 헌법을 제정하고 의회를 구성했습니다.

▲ 사우디아라비아의 국기
18세기 말에 일어난 와하브 운동의 깃발에서 유래했다. 국기에는 '알라 이외에 다른 신은 없고, 무함마드는 알라의 사도이다.' 라고 쓰여 있다.

▲ 이븐 사우드
1902년부터 1926년까지 중앙아라비아 전역을 통합해 사우디아라비아를 건국했다.

▲ 나스르 알 딘 샤
페르시아의 근대화를 위해 노력했지만, 그 과정에서 나라의 이권이 외세에 넘어가 많은 비판을 받았다.

▲ 페르시아의 입헌 혁명
나라의 이권을 유럽 열강에게 빼앗기자 지식인들은 왕권 제한, 자주적 외교를 외치며 봉기했다. 이로부터 입헌 혁명이 시작됐다.

▲ 자말 알딘 알 아프가니
이슬람의 혁명가로 헌법주의, 반제국주의, 이슬람 세계의 단결, 아랍 민족의 단결을 주장했다.

01 동아시아의 근대적 성장

(1) 열강의 동아시아 침략

1) 청의 쇠퇴

① 원인

- 내부 원인 : 관리의 부패, 농민들의 무거운 세금 부담
  → 각지의 반란(백련교의 난 등) → 청 왕조의 위신 추락
- 외부 원인 : 영국, 네덜란드, 포르투갈 등 서구 열강의 침략

② 영국의 침략

- 청과 영국의 무역 구조 변화 :
  영국에서 차 수요 증가 → 영국 은의 대량 유출 → 영국은
  대중국 무역 적자를 메우기 위해 인도산 아편을 청에
  밀수출 → 청나라 은 대량 유출
- 삼각 무역의 결과 : 청에 아편 중독자가 늘어나 국민 건강
  악화, 은의 대량 유출로 국가 재정 곤란

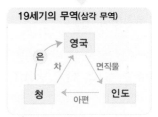

▲ 중영 무역의 변화

2) 아편 전쟁과 문호 개방

① 제1차 아편 전쟁(1840-1842)

- 원인 : 영국의 아편 밀수출로 청과 영국이 대립
- 경과 : 임칙서의 아편 몰수 및 폐기, 영국과의 통상 금지 → 영국의 무력 침공 초래 → 청의 패배
- 결과 : 남경 조약 체결—5개 항구 개방, 홍콩 할양, 영국에게 전쟁 배상금 지불, 공행 무역 폐지
  등(불평등 조약)

② 제2차 아편 전쟁(1856-1860)

- 원인 : 청의 무역 개선 불이행, 애로호 사건(청의 관리가 영국 국기를 달고 밀수를 하던 중국의 배
  애로호에 올라가 해적 혐의로 중국인 12명을 체포하고 영국 국기를 내린 사건)
- 경과 : 영국과 프랑스가 연합하여 천진, 북경 점령
- 결과 : 천진 조약과 북경 조약(불평등 조약)
  - 천진 조약(1858) : 외국 공사의 북경 주재 허용, 크리스트교
    포교의 자유 허용
  - 북경 조약(1860) : 영국에 구룡 반도 할양, 러시아에 연해주
    할양
- 영향 : 서양 각국에 문호 개방, 열강의 반식민지로 전락

▲ 임칙서가 아편을 폐기하는
호문소연 상상도

(2) 중국의 근대화 운동

1) 태평천국 운동(1851-1864)

① 배경 : 농민 생활 궁핍(전쟁 배상금 강제 징수), 외국 상품 유입(물가 폭등)

② 홍수전 : 크리스트교와 유교의 결합 아래 이상 국가 건설 시도

③ 구호 : 청 왕조 타도, 멸만흥한(만주족을 멸하고 한족을 부흥시킨다)

④ 경과 : 홍수전이 금전촌에서 봉기 → 태평천국 건설(수도 : 남경) → 한인 의용군과 외국 군대에 의해 진압

⑤ 의의 : 청조 타도 운동, 반봉건·반제국주의적 민족 운동, 역사상 최대의 농민 운동

▲ 태평천국의 지도자 홍수전

2) 양무운동(1861~1894)

① 배경 : 아편 전쟁, 태평천국 운동을 겪으며 서양 무기의 우수성 절감

② 중심 인물 : 한인 관료(이홍장, 증국번)

③ 구호 : 중체서용(중국의 전통과 체제는 유지하며 서양의 기술만 제한적 수용), 서양 근대 기술의 수용으로 부국강병

④ 개혁 내용 : 군비의 근대화, 군수 공업, 방적 공업 등 근대 산업 육성

⑤ 결과 : 국력 향상에 도움, 그러나 근본적인 개혁에는 실패. 청일 전쟁의 패배로 한계 드러남.

3) 변법자강 운동(1889)

① 배경 : 양무운동의 실패와 청일 전쟁의 패배 이후 근본적 개혁 필요

② 중심 인물 : 강유위 등 변법파

③ 개혁 내용 : 서양 의회 제도 도입, 입헌 군주제의 실시(일본 메이지 유신 모방)

④ 결과 : 서태후를 중심으로 한 보수 세력의 반격(무술 정변)으로 실패

▲ 태평천국군

▲ 의화단의 싸움

4) 의화단 운동(1899-1901)

① 배경 : 열강 침략의 가속화, 외세 배격 운동 격화

② 구호 : 부청멸양(청을 도와 서양을 멸한다)

③ 경과 : 산동성에서 봉기 → 전국적인 반크리스트교 운동 전개(교회 방화, 신도 살해 등) → 열강의 무력 진압

④ 결과 : 신축 조약 체결(외국 군대의 중국 주둔 허용, 막대한 배상금 지불)

5) 신해혁명과 중화민국의 성립(1911-1912)
① 배경 : 근대화 운동의 실패 → 청조 타도와 개혁 운동
② 전개 : 중국 혁명 동맹회 결성(손문), 삼민주의 주장(민족, 민권, 민생)
③ 경과 : 민간 철도의 국유화에 반대 → 무창에서 봉기 → 전국으로
   확산(신해혁명)
④ 결과 : 청 왕조 멸망 → 중화민국 수립(임시 대총통 손문)
⑤ 의의 : 아시아 최초의 민주 공화국 탄생

▲ 중화민국 임시 대총통 손문

• 중국의 근대화 운동 정리

운동	구호	주도 세력	성격	내용
태평천국 운동	멸만흥한	농민	반봉건, 반제국, 청조 타도	토지 균등 분배, 남녀 평등, 악습 폐지
양무운동	중체서용	한인 관료	서양 문물 도입, 체제 유지	근대 산업 육성(군수 공업)
변법자강 운동	변법자강	지식인	근본적인 개혁＝정치 개혁	입헌 군주제, 의회 신설
의화단 운동	부청멸양	의화단	반제국주의, 반크리스트교	외세 배격, 청조 지지
신해혁명	삼민주의	혁명파	청조 타도	아시아 최초의 민주 공화국 수립

(3) 일본의 근대화 운동

1) 일본의 개항과 메이지 유신
① 일본의 개항(1854) : 에도 막부의 쇄국 정책 → 미국의 강요로 문호 개방(미일 수호 통상 조약) →
   서양 열강과 조약 체결
② 메이지 유신(1868)
• 배경 : 개항 후 외국 상품 다량 유입 → 국내 경제 타격, 사회 혼란
• 경과 : 서남부 지방 무사들의 막부 타도 → 국왕 중심의 신정부 수립(중앙 집권 체제, 입헌 군주제)
• 내용 : 근대적 개혁(봉건제 폐지, 입헌 군주제 실시)
• 의의 : 아시아에서 가장 먼저 근대화에 성공
2) 일본의 대륙 침략
① 배경 : 일본 메이지 유신의 성공 → 제국주의 국가로 성장
② 조선 침략 : 운요호 사건 → 강화도 조약 체결(1876년) → 청일 전쟁
   (일본의 승리, 중국으로부터 요동과 타이완 할양받음) → 러일 전쟁
   (일본의 승리, 만주에서 영토적·경제적 이권 획득) → 조선의 국권
   강탈(1910년) → 대륙 침략의 발판 마련
③ 대륙 침략 : 만주, 중국

▲ 미국의 강요에 따른 일본의 개항

(4) 한국의 근대화 운동

1) 개항

①문호 개방 : 일본과 강화도 조약 체결(3개 항구 개항) → 서양 열강과 교류

②열강의 침투 : 청, 러시아, 일본

2) 근대화를 위한 민족 운동

①갑신정변(1884년) : 급진적인 정변을 통한 근대화 추진 계획

②동학 농민 운동 : 외세 배격, 내정 개혁 요구 → 일본군의 개입으로 실패

③갑오개혁 : 근대화의 계기 마련 → 일본의 간섭으로 실패

④독립 협회 : 자주, 민권, 자강 운동

⑤의병 운동의 전개 : 일본의 침략에 무력으로 대항

02 인도와 동남아시아의 근대화 운동

(1) 인도의 민족 운동

1) 영국의 침략

① 영국의 인도 침략

• 동인도 회사 설립(1600년) → 인도의 동북 지방 식민지화

• 플라시 전투 : 영국과 프랑스 세력 다툼 → 영국의 승리, 인도 지배권 확립

② 영국의 식민지 정책 : 인도 무역권 독점 → 인도는 원료 공급지·상품 시장으로 전락

2) 인도의 반영 민족 운동

① 세포이의 항쟁(1857)

• 원인 : 인도의 종교, 문화를 무시한 영국의 강압적 식민 정책

• 경과 : 세포이의 봉기 → 전국적으로 확산 → 영국군의 진압,
반영 민족 운동의 실패

• 결과 : 영국군의 진압으로 실패, 무굴 제국 멸망, 동인도 회사
폐지, 영국 정부의 인도 직접 통치 → 영국령 인도 제국의
성립

▲ 세포이 항쟁

② 인도 국민 회의의 반영 민족 운동

• 설립 배경 : 영국의 식민 정책 강화, 인도의 개혁 의지 억압

• 발단 : 영국의 벵골 분할령(영국이 벵골 지방을 힌두교 신도가 많은 서벵골과 무슬림이 많은 동벵골로
분리시켜 민족 분열을 꾀하려 한 정책) 발표 → 인도 국민 회의는 반영 단체로 전환

③ 내용 : 영국 상품 배척, 스와라지(완전 자치), 스와데시(국산품 애용), 국민 교육

④ 성과 : 벵골 분할령 철회 → 인도의 민족 교육과 국내 산업 발전에 기여, 독립운동의 선도적 역할

(2) 동남아시아의 민족 운동

1) 유럽 세력의 동남아시아 침략

① 포르투갈 : 16세기 초 말라카 점령, 무역 독점

② 네덜란드 : 인도네시아와 보르네오 일부를 합쳐 네덜란드령
동인도 성립, 플랜테이션 농업으로 이익 확보

③ 에스파냐 : 필리핀 지배, 마닐라를 중심으로 중국·멕시코와
무역

④ 프랑스 : 인도의 플라시 전투에서 패한 후 베트남 진출
→ 베트남, 캄보디아, 라오스를 병합하여 프랑스령
인도차이나 연방 수립

⑤ 영국 : 미얀마를 인도 제국에 편입, 싱가포르·말라카·
보르네오 병합하여 말레이 연방 결성

▲ 동남아시아의 식민지화

2) 동남아시아 각국의 민족 운동

① 베트남

• 유신회 조직 → 일본 유학 운동 전개, 교육의 근대화 운동

• 베트남 공산당 결성 → 반프랑스 독립운동 전개

② 미얀마 : 지식인과 불교 단체가 연합하여 영국과 인도에 저항

③ 필리핀

• 필리핀 동맹 조직(호세 리살)

• 에스파냐와 미국의 전쟁 후 미국의 식민지로 전락, 반미 항쟁

④ 인도네시아 : 지식인과 상인을 중심으로 반네덜란드 운동,
이슬람 동맹 결성

▲ 필리핀의 독립운동가 호세 리살

03 서아시아의 근대화 운동

(1) 오스만 제국의 근대화 운동

1) 오스만 제국의 쇠퇴와 개혁

① 쇠퇴 원인

• 신항로 개척의 영향 : 무역의 중심지가 지중해에서 대서양으로 이동 → 동서 무역의 이익 감소

• 유럽 열강의 침입 → 발칸 반도와 북아프리카의 영토 축소

• 제국 내 여러 민족의 독립운동(이집트, 그리스의 독립) → 사회 혼란

② 여러 가지 개혁 시도 : 근대적인 군대 신설, 내정 개혁 시도 → 실패

③ 강제 개국 : 영국의 강요로 개국(1838년)

2) 오스만 제국의 근대화 운동

① 근대적 개혁 추진 : 탄지마트(은혜 개혁)

- 내용 : 근대식 헌법 제정, 의회 개설, 근대식 군대 양성
- 결과 : 열강의 간섭과 보수 세력 반대로 실패 → 유럽 상품의 유입으로 토착 산업 몰락

② 러시아 · 튀르크 전쟁

- 원인 : 오스만 제국의 발칸 반도 독립운동 탄압 → 슬라브 족 보호를
구실로 러시아 침입
- 결과 : 오스만 제국의 패배, 영토 상실 → 발칸 반도의 여러 민족 독립
→ 개혁파 퇴진, 범이슬람주의 표방, 전제 정치 부활

③ 청년 튀르크당의 혁명

- 배경 : 술탄의 전제적인 중앙 집권화에 반발
- 내용 : 입헌 정치 부활, 유럽의 부당한 간섭 배제, 근대적 개혁
(법령의 서구화, 여성의 지위 향상, 교육과 세제 개혁)

▲ 청년 튀르크당 혁명을 이끈 엔베르 파샤

④ 오스만 제국의 몰락 : 제1차 세계 대전 참전 → 패배 → 터키 공화국 수립

(2) 이란과 아랍 세계의 근대화 운동

1) 이란과 아랍의 근대화 운동

① 이란의 근대화 운동

- 열강의 이란 침략 : 영국, 러시아의 간섭
- 카자르 왕조의 근대화 추진
 - 내용 : 국권 수호를 위한 국민 운동 전개 → 전제 정치
비판, 이권 회수와 입헌 정치 요구
 - 성과 : 헌법 제정, 의회 설치
 - 결과 : 영국과 러시아의 간섭으로 근대화 실패, 영국과
러시아의 분할 지배

▲ 이슬람 혁명가 아프가니

② 아랍의 근대화 운동

- 정세 : 오스만 제국의 통치 기간 중 종교적, 부족적 대립 격화 → 열강이 이를 악용하여 아랍 세계로
침투
- 이슬람 순화 운동 : 압둘 와하브의 순수 이슬람화 운동(와하브 운동) → 와하브 왕국 건설
- 아프가니의 개혁 : 이슬람 세계의 단결과 입헌 정치 요구

2) 이집트의 근대화 운동

① 독립 : 무함마드 알리의 혁명으로 오스만 제국으로부터 독립(19세기 초)

② 대외 발전 : 아라비아 반도(와하브 왕국) 점령, 광범위한 자치권 확보

③ 근대화 추진 : 조세 · 토지 제도 개혁, 교육 기관, 행정 기구 개편

④ 쇠퇴 : 수에스 운하의 건설, 철도의 부설로 재정 악화 → 영국의 내정 간섭 초래 → 영국의
보호국으로 전락

1. 다음은 청나라와 영국 사이에 이루어진 무역의 변화를 나타낸 표입니다.
   (가)와 (나)에 들어갈 내용을 쓰세요.

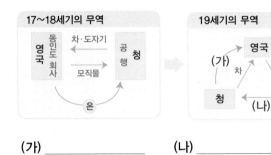

   (가) _____   (나) _____

2. 청나라와 영국 사이에 무역의 변화가 일어나게 된 원인은 무엇일까요?

   ① 청나라가 대외 무역을 적극 권장했다.

   ② 막대한 영국의 은이 중국으로 빠져나갔다.

   ③ 임칙서가 아편을 몰수해 폐기했다.

   ④ 중국의 경제가 악화되고 아편 중독자가 증가했다.

   ⑤ 개항 이후 산업이 빠르게 발전했다.

3. 다음 중 아편 전쟁의 결과가 아닌 것은?

   ① 공행을 폐지하고 자유 무역을 한다.

   ② 전쟁 배상금을 지불한다.

   ③ 중국산 차를 헐값에 영국으로 수출한다.

   ④ 홍콩을 영국에 할양한다.

   ⑤ 광주 등 5개 항구를 개항한다.

4. 다음과 관계 깊은 중국의 근대화 운동은 무엇인가요?

   ◆ 남녀 평등과 청 왕조의 타도를 선언했다.
   ◆ 토지를 골고루 나누어 준다고 해 농민의 호응을 얻었다.

   _____

5. 변법자강 운동에 대한 설명으로 바른 것은?

  ① 입헌 군주제를 도입하고 근대화를 추진하려 했다.

  ② 청 왕조가 철도를 국유화함으로써 일어났다.

  ③ 유럽의 선진 기술을 수용해 나라를 부강하게 만들려 했다.

  ④ 중국 사회의 모순점은 그대로 두고 군사력 강화에만 힘썼다.

6. 의화단 운동에 대한 설명으로 옳지 않은 것을 고르세요.

  ① 외세, 특히 크리스트교에 반감을 가진 사람들이 주를 이루었다.

  ② 중화민국의 수립을 계획했다.

  ③ 서양인들이 만든 전선, 철도 등을 부수고 외국인을 죽였다.

  ④ 의화단의 공격으로 8개국 연합군이 북경을 점령했다.

  ⑤ 이 운동의 결과 신축 조약을 체결했다.

7. 다음 글에서 설명하고 있는 인물의 이름을 쓰세요.

  ◆ 민족주의, 민권주의, 민생주의 등 삼민주의를
    주장한 '중국 혁명의 아버지'이다.
  ◆ 신해혁명을 이끌어 중국 최초의 공화국인
    중화민국을 수립했다.

_____

8. 다음 중 신해혁명에 대해 바르게 설명한 것은?

  ① 최초로 문호를 개방했다.

  ② 이 운동의 중심 인물은 장개석이었다.

  ③ 중국 최초의 공화국을 수립했다.

  ④ 외국과의 모든 관계를 단절했다.

  ⑤ 비폭력, 불복종을 혁명의 원칙으로 삼았다.

9. 다음은 일본의 개혁 과정 중 어떤 내용을 설명한 것일까요?

> ◆ 봉건제를 폐지하고 입헌 군주제를 채택했다.
> ◆ 반막부 세력이 국왕 중심의 신정권을 세우고 개혁을 추진했다.

_____

10. 메이지 유신의 개혁 내용으로 바르지 못한 것은?

① 서양 세력을 배척하고, 전통 문화를 지키려 했다.

② 무능한 막부를 무너뜨렸다.

③ 국왕 중심의 중앙 집권 체제를 이루었다.

④ 신분 제도를 폐지했다.

⑤ 의무 교육, 국민개병제 도입 등 근대화를 추진했다.

11. 다음 조약들이 지닌 공통점은 무엇인가요?

남경 조약	미일 수호 통상 조약	강화도 조약

① 아시아 각국이 유럽으로 진출하기 위한 통상 조약

② 유럽 각국이 아시아로 진출하기 위한 통상 조약

③ 평화적 문호 개방을 위한 상호 평등 조약

④ 강제적 문호 개방을 위한 불평등 조약

12. 다음은 영국의 인도 지배 과정입니다. 이를 시대순으로 나열해 보세요.

> ㄱ. 플라시 전투   ㄴ. 세포이 항쟁
> ㄷ. 동인도 회사 설립   ㄹ. 영국의 직접 통치

_____

13. 영국이 인도에 대한 지배권을 확립하게 된 사건은?

① 플라시 전투

② 세포이 항쟁

③ 동인도 회사 해체

④ 벵골 분할령 발표

⑤ 인도 국민 회의 조직

14. 다음 글은 무엇을 설명하는 것일까요?

유럽 열강들이 아시아 진출을 시작하면서
아시아 무역을 독점하기 위해 조직한 회사로,
실질적인 식민지 기관의 역할을 수행했다.

_____

15. 다음 글과 같은 사건이 가져온 결과는?

동인도 회사에 고용된 인도인 용병들이 영국의 식민 지배에
대항해 일으킨 항쟁으로, 각계 각층의 호응을 받으며
전국적으로 확산되었다.

① 플라시 전투

② 세포이 항쟁

③ 동인도 회사 해체

④ 벵골 분할령 발표

⑤ 인두 국민 회의 조직

16. 다음 글과 같은 배경에서 인도의 지식인들이 벌인 민족 운동은?

> 20세기 초, 영국은 인도의 개혁 의지를 억누르고, 힌두교와 이슬람교의
> 분할 통치 방식으로 식민지 지배를 강화하기 위해 벵골 분할령을 발표했다.

① 노동자들의 파업 투쟁

② 만세 시위 운동

③ 영국 상품의 배척과 국산품 애용 운동

④ 힌두교와 이슬람교의 통합 운동

17. 다음은 19세기 동남아시아의 어느 나라에 대한 설명일까요?

> 국왕을 중심으로 서구 열강의 침략에 유연하게 대처하고 유럽 문화를 적극적으로
> 수용해 근대화를 추진했으며, 비록 영토의 일부를 내주기는 했지만 영국 세력과
> 프랑스 세력의 완충 지대라는 이점을 이용해 독립을 유지하는 데 성공했다.

_____

18. 다음은 어느 나라에 대한 설명일까요? 바르게 짝지은 것을 골라 보세요.

> ㄱ. 16세기 후반 이후 필리핀을 지배하고 있던 에스파냐와의 전쟁에서 승리해 필리핀
>   을 식민지로 만들었다.
> ㄴ. 19세기 중엽에 사이공을 무력으로 점령하고, 베트남 남부를 차지했다. 또한 청과
>   의 전쟁에서 승리해 베트남과 캄보디아를 합쳐 인도차이나 연방을 조직했다.

① 독일 – 영국   ② 프랑스 – 네덜란드   ③ 영국 – 벨기에

④ 미국 – 프랑스   ⑤ 네덜란드 – 오스트리아

19. 다음 단체들이 설립된 공통적인 목적으로 바른 것은?

· 베트남 – 유신회   · 필리핀 – 필리핀 연맹   · 인도네시아 – 이슬람 동맹

① 입헌 군주제 수립   ② 전통 문화의 부활
③ 근대화와 민족 운동   ④ 농민 중심의 국가 건설
⑤ 외국 자본과 크리스트교 도입 추진

20. 다음 글이 옳으면 O표, 틀리면 ×표를 하시오.

(1) 오스만 제국은 러시아와의 전쟁에서 승리해 발칸 지역을 보호했다. (   )

(2) 러시아는 범이슬람주의를 내걸고 발칸 지역에 세력을 뻗쳤다. (   )

(3) 청년 튀르크당은 혁명을 통한 입헌 군주제 부활을 목적으로 했다. (   )

21. 다음 내용에 해당되는 나라는?

◆ 19세기 초 오스만 제국으로부터 독립   ◆ 무함마드 알리의 개혁 추진
◆ 수에즈 운하 공사와 철도 설치   ◆ 재정난으로 영국의 반식민지화

① 이란   ② 인도   ③ 그리스   ④ 이집트   ⑤ 오스만 제국

22. 다음 중 서양 문물을 수용해 근대화를 추진하려 한 것이 아닌 것은?

① 메이지 유신   ② 스와데시   ③ 탄지마트
④ 양무운동   ⑤ 변법자강 운동

1. 19세기 말, 중국의 청나라와 영국 사이에 아편 전쟁이 일어났습니다. 전쟁이 일어난 원인이 무엇이고, 내용과 결과는 어땠나요?

2. 손문이 주장한 '삼민주의'의 내용은 무엇인가요? 여러분이 아는 대로 써 보세요.

3. 세포이 항쟁은 왜 일어났으며 그 후에 어떤 영향을 끼쳤나요?

4. 지금의 타이인 시암 왕국이 19세기 동남아시아를 식민지화하려는 유럽 열강 틈에서 독립국
   으로 살아남을 수 있었던 까닭은 무엇인가요?

● 세계사 실력 다지기

1. (가) 은 (나) 아편 **2.** ② **3.** ③ **4.** 태평천국 운동 **5.** ① **6.** ② **7.** 손문
8. ③ **9.** 메이지 유신 **10.** ① **11.** ④ **12.** ㄷ - ㄱ - ㄴ - ㄹ **13.** ① **14.** 동인도 회사
15. ⑤ **16.** ③ **17.** 타이 **18.** ④ **19.** ③ **20.** (1) X (2) X (3) O **21.** ④ **22.** ②

● 세계사 생각 펼치기

＊다음은 어떤 답이 가능한지 보여 주는 한 예입니다. 여러분의 알찬 생각을 펼치는 것이 더욱 중요합니다.

1. 영국은 중국에서 차, 도자기, 비단 등을 수입하느라 많은 양의 은을 지출해 중국과의 무역에서 적자가
커졌다. 그러자 이를 메우기 위해 자신들의 식민지인 인도에서 재배한 아편을 중국에 몰래 팔기 시작했고,
아편은 중국 사회에 급속도로 퍼져 나갔다. 아편 때문에 사회 문제가 커지자 청나라의 관리 임칙서는 아
편 밀매 근절을 건의하고, 흠차대신에 임명된 뒤 영국 상인들이 가지고 있던 아편을 몰수해 없애 버렸다.
하지만 영국은 청나라가 영국을 모욕하고 영국인의 생명을 위협한다며 전쟁을 벌였는데, 이것이 바로 아
편 전쟁이다. 아편 전쟁 결과 청나라가 패했는데, 이때 홍콩을 넘겨주고 상해 등 5개 항구를 개방하며, 배
상금을 지급한다는 굴욕적인 내용의 남경 조약을 맺게 되었다. 이는 중국이 외국과 최초로 맺은 불평등
조약이며, 이후 중국은 미국, 프랑스, 네덜란드 등 서양 국가들과 잇달아 불평등 조약을 체결하게 된다.

2. 삼민주의는 손문이 주장한 혁명 정신으로 민족, 민권, 민생을 말한다. 민족주의는 만주족을 몰아내고
한족의 중국을 만들자는 것이고, 민권주의는 국민에게 주권이 있는 민주 공화국을 만들자는 것이며, 민생
주의는 토지를 고르게 나누어 가져 빈부 격차 등의 문제를 해결하자는 것이다.
　신해혁명의 사상적 배경이었던 삼민주의는 뒷날까지 중국 근대사에 큰 영향을 끼쳤다. 타이완으로 옮겨
간 중국 국민당과 중국 공산당이 모두 삼민주의를 계승했다고 주장하는 등, 중국과 타이완 두 국가 체제
에서 모두 지지를 받았다.

3. 영국 동인도 회사에 고용된 인도 현지인 용병을 세포이라고 한다. 이들은 여럿이 모여 생활할 수밖에
없는 군인이었지만, 인도인이기 때문에 서로 다른 카스트와는 음식을 나눠 먹을 수도 없고, 힌두교나 이슬
람교 등 자신들의 종교도 지켜야만 했다. 그런데 영국이 세포이에게 지급한 엔필드 소총의 탄약에 힌두교
의 금기인 소기름과 이슬람교의 금기인 돼지기름을 발랐다는 사실이 알려지면서 폭동이 일어났다. 이는
인도를 지배하던 동인도 회사에 대한 항쟁으로 이어졌는데, 영국의 영토 정복과 착취, 인도의 종교와 전통
을 무시한 사회 개혁 등으로 쌓여 온 인도인의 불만이 한꺼번에 터져나온 것이다. 하지만 항쟁은 실패했
고, 인도인에게는 잔혹한 보복이 가해졌으며, 이에 대한 책임을 물어 영국은 동인도 회사를 해체하고 영국
국왕이 인도를 직접 통치할 것을 선포하게 된다.

4. 라마 5세는 서양 세력과 맞서기 위해 그들의 장점을 배워야 한다고 생각하고 많은 개혁을 펼쳤는데,
유럽 각국을 방문해 외교를 펼치고 철도, 전기, 우편 제도를 도입하고 노예 제도를 폐지하는 등 국내의 근
대화를 위해 힘썼다. 영국과 프랑스 식민지 사이에서 위협을 받고 주변 영토를 내주긴 했지만 이처럼 외
교와 근대화에 힘쓴 덕분에 동남아시아에서 유일하게 유럽의 식민지가 되지 않을 수 있었다. 또 영국과
프랑스가 서로 시암을 차지하기 위해 싸우기보다 서로 점령하지 않기로 협정을 맺은 덕을 보기도 했다.